근현대 전법 선맥(傳法禪脈)

75조 경허 성우(鏡虛 惺牛) 전법선사

오도송

홀연히 콧구멍 없는 소 되라는 말끝에	忽聞人語無鼻孔
삼천계가 내 집임을 단박에 깨달았네	頓覺三千是我家
유월의 연암산을 내려가는 길에서	六月鷰岩山下路
일없는 야인이 태평가를 부르노라	野人無事太平歌

76조 만공 월면(滿空 月面) 전법선사

전법게

구름과 달, 산과 계곡이라, 곳곳에서 같음이여	雲月溪山處處同
선가의 나의 제자 수산의 큰 가풍일세	叟山禪子大家風
은근히 무문인을 그대에게 분부하니	慇懃分付無文印
이 기틀의 방편이 활안 중에 있노라	一段機權活眼中

* 제75조 경허 성우 전법선사 전함 / 제76조 만공 월면 전법선사 받음

77조 전강 영신(田岡 永信) 전법선사

전법게

불조도 전한 바 없어서	佛祖未曾傳
나 또한 얻은 바 없음을…	我亦無所得
가을빛 저물어 가는 날에	此日秋色暮
뒷산의 원숭이가 울고 있네	猿嘯在後峰

* 제76조 만공 월면 전법선사 전함 / 제77조 전강 영신 전법선사 받음

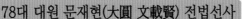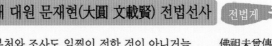

78대 대원 문재현(大圓 文載賢) 전법선사

전법게

부처와 조사도 일찍이 전한 것이 아니거늘	佛祖未曾傳
나 또한 어찌 받았다 하며 준다 할 것인가	我亦何受授
이 법이 2천년대에 이르러서	此法二千年
널리 천하 사람을 제도하리라	廣度天下人

부송(付頌)

어상을 내리지 않고 이러-히 대한다 함이여	不下御床對如是
뒷날 돌아이가 구멍 없는 피리를 불리니	後日石兒吹無孔
이로부터 불법이 천하에 가득하리라	自此佛法滿天下

* 제77조 전강 영신 전법선사 전함 / 제78대 대원 문재현 전법선사 받음

이 오도송과 전법게는 대원 문재현 선사님께서 법리에 맞도록 새롭게 번역한 것입니다.

불조정맥 제 77조 대한불교 조계종 전강 대선사님께서는, 16세에 출가하여 23세 때 첫 깨달음을 얻고 25세에 인가를 받으셨다. 당대의 7대 선지식인 만공, 혜봉, 혜월, 한암, 금봉, 보월, 용성 선사님의 인가를 한 몸에 받으셨으며, 이 중 만공 선사님께 전법게를 받아 그 뒤를 이으셨다. 당대의 선지식들이 모두 극찬할 정도로 그 법이 뛰어나서 '지혜제일 정전강'이라 불렸다.

33세의 최연소의 나이로 통도사 조실을 하셨고, 법주사, 망월사, 동화사, 범어사, 천축사, 용주사, 정각사 등 유명선원 조실을 역임하시고 인천 용화사 법보선원의 조실로 일생을 마치셨다.

1975년 1월 13일, 용화사 법보선원의 천여 명 대중 앞에서 "어떤 것이 생사대사(生死大事)인고?" 자문한 후에 "악! 구구는 번성(飜成) 팔십일이니라."라고 법문한 뒤, 눈을 감고 좌탈입망하셨다.

다비를 하던 날, 화려한 불빛이 일고 정골에서 구슬 같은 사리가 무수히 나왔다. 열반하시기까지 한결같이 공안 법문으로 최상승법을 드날리셨으니 그 투철한 깨달음과 뛰어난 법, 널리 교화하기를 그치지 않으셨던 점에 있어서 한국 근대 선종의 거목이라 일컬어지고 있다.

불조정맥 제78대 대원 문재현 전법선사님
– 양대 강맥 전강대법회에서 법문 중 할을 하시는 모습

오로지 정법만을 깨닫기 서원합니다.

입을 열면 정법만을 설하기 서원합니다.

중생이 다하는 그날까지 교화하기 서원합니다.

－대원 문재현 전법선사의 3대 서원

불교 8대 선언문

불교는 자신에게서 영생을 발견하게 하는 유일한 종교이다.
불교는 자신에게서 모든 지혜를 발견하게 하는 유일한 종교이다.
불교는 자신에게서 모든 능력을 발견하게 하는 유일한 종교이다.
불교는 자신에게서 모든 것을 이루게 하는 유일한 종교이다.
불교는 자신에게서 극락을 발견하게 하는 유일한 종교이다.
불교는 깨달으면 차별 없어 평등하다고 하는 유일한 종교이다.
불교는 모든 억압 없이 자신감을 갖게 하는 유일한 종교이다.
불교는 그러므로 온 누리에 영원한 만인의 종교이다.

– 대원 문재현 전법선사 주창

전세계의 불교계에서 통일시켜야 할 일

경전의 말씀대로 32상과 80종호를 갖춘 불상으로 통일해야 한다.

예불 드리는 법을 통일해야 한다.

불공의식을 통일해야 한다.

– 대원 문재현 전법선사 주창

2015년 성불사 국제정맥선원 하계수련회 중 대원 문재현 선사님의 선화지도

대방광불화엄경
大 方 廣 佛 華 嚴 經

제 10 권

화장세계품 ③
華 藏 世 界 品

도서출판 문젠(구, 바로보인)은 정맥선원에서 운영하고 있습니다.

* 인제산(人濟山) 성불사(成佛寺) 국제정맥선원
  경기도 포천시 내촌면 소리개길 86-178 ☎ 031-531-8805
* 인제산(人濟山) 이룬절 포천정맥선원
  경기도 포천시 내촌면 소리개길 86-123 ☎ 031-532-1918
* 도봉산(道峯山) 도봉정사(道峯精舍) 서울정맥선원
  서울시 도봉구 도봉로 921 문젠빌딩 2층 ☎ 02-3494-0122
* 백양산(白楊山) 자모사(慈母寺) 부산정맥선원
  부산시 동래구 아시아드대로 114번길 10 대륙코리아나 2층 212호 ☎ 051-503-6460
* 자모산(慈母山) 육조사(六祖寺) 청도정맥선원
  경북 청도군 매전면 동산리 산 50 ☎ 010-4543-2460
* 광암산(光巖山) 성도사(成道寺) 광주정맥선원
  광주광역시 광산구 삼도광암길 34 ☎ 062-944-4088
* 대통산(大通山) 대통사(大通寺) 해남정맥선원
  전남 해남군 화산면 송계길 132-98 중정마을 ☎ 061-536-6366

바로보인 불법 ❀

화 엄 경 10권

초판 1쇄 펴낸날 단기 4350년, 불기 3044년, 서기 2017년 3월 20일

역   저 대원 문재현 선사
펴 낸 곳 도서출판 문젠(Moonzen Press)
        11192, 경기도 포천시 내촌면 소리개길 86-178
        전화 031-534-3373 팩스 031-533-3387
신 고 번 호 2010.11.24. 제2010-000004호

윤 문 교 정 진성 윤주영, 증연 강영미
편 집 제 작 도명 정행태
전자책 제작 도향 하가연
표 지 그 림 현정(玄楨)
인   쇄 가람문화사

도서출판문젠   www.moonzenpress.com
정 맥 선 원   www.zenparadise.com
사막화방지국제연대(IUPD) www.iupd.org

값 15,000원
ISBN 978-89-6870-010-1 04220
ISBN 978-89-6870-000-2 (전81권)

華嚴十無頌 화엄십무송

- 대원 문재현 선사

無相法性常顯前
상이 없는 법성은 언제나 드러나 있고

無性諸法如谷響
성품이 없는 모든 법은 골짜기에 메아리 같도다

無外作處是自在
밖이 없이 짓는 곳을 이 자재라 하는 것이니

無非華嚴大道場
화엄 대도량 아님이 없음이로다

無窮無盡光神通
궁구할 수 없고 다함 없는 광명의 신통에서

無不出生三千界
삼천대천세계가 나오지 않음이 없도다

無碍相卽大自在
걸림이 없이 서로 즉한 대자재여

無爲之法是日常
함이 없는 법이 일상이로다

無有定法隨狀況
정한 법 없어 상황을 따름이여

無上無爲妙菩提
위 없고 함이 없는 묘보리로다

바로보인 불법 ㊳

화엄경(華嚴經) 10권

대원 문재현 선사 역저

五、화장세계품 ③
(華藏世界品)

서 문

가없이 크고 넓어 광대함이여!
모양 없는 그 가운데 본래 갖춤
증득한 지혜인이라야 아네

남섬부주 일체의 나툼이여
본래의 갖춤에 비하자면
천만억분의 일도 안 된다네

이러-히 온통 온통함이여!
모두 갖춘 본연한 이 장엄을
'대방광불화엄'이라 하네

단기(檀紀) 4345년
불기(佛紀) 3039년

무등산인 대원 문재현
(無等山人 大圓 文載賢)

차 례

서 문 7
일러두기   10

五、화장세계품(華藏世界品) ③   11

* 보현보살이 화장장엄세계바다 이구염장향수해 동쪽의 모든 향수해와
  그 가운데 세계종류에 대해 말하다 13
* 보현보살이 화장장엄세계바다 무진광명륜향수해 밖의 모든 향수해와
  그 가운데 세계종류에 대해 말하다 19
* 보현보살이 화장장엄세계바다 금강염광명향수해 밖의 모든 향수해와
  그 가운데 세계종류에 대해 말하다 23
* 보현보살이 화장장엄세계바다 제청보장엄향수해 밖의 모든 향수해와
  그 가운데 세계종류에 대해 말하다 29
* 보현보살이 화장장엄세계바다 금강륜장엄저향수해 밖의 모든 향수해와
  그 가운데 세계종류에 대해 말하다 35
* 보현보살이 화장장엄세계바다 연화인타라망향수해 밖의 모든 향수해와
  그 가운데 세계종류에 대해 말하다 39
* 보현보살이 화장장엄세계바다 적집보향장향수해 밖의 모든 향수해와 그
  가운데 세계종류에 대해 말하다 45
* 보현보살이 화장장엄세계바다 보장엄향수해 밖의 모든 향수해와 그 가

운데 세계종류에 대해 말하다 51

* 보현보살이 화장장엄세계바다 금강보취향수해 밖의 모든 향수해와 그 가운데 세계종류에 대해 말하다 57
* 보현보살이 화장장엄세계바다 천성보첩향수해 밖의 모든 향수해와 그 가운데 세계종류에 대해 말하다 63
* 보현보살이 화장장엄세계바다 모든 향수해와 그 가운데 모든 세계종류에 대해 말하다 69

대원선사 결문(決文) 139
미주 142
81권 화엄경 권과 품 144

부록1 불조정맥(佛祖正脈) 147
부록2 대원 문재현 선사님 인가 내력 153
부록3 21세기에 인류가 해야 할 일 163
부록4 가슴으로 부르는 불심의 노래
        - 대원 문재현 선사님이 작사한 곡 169

일러두기

1. 화엄경 본문을 지나치게 세밀하게 나누어 긴 주해를 싣지 않은 것은 그로 해서 원문의 흐름이 끊어지게 되지 않을까 하는 우려에서이다. 이런 까닭에 다만 수없이 장고(長考)하며 최대한 원문에 충실하게 번역하고 각권의 마지막이나 각품의 마지막에만 결문(結文)을 더하였다. 화엄경 본문이 이치적으로 더할 나위 없이 샅샅이 불화엄의 화장세계를 밝힌 것이라면 결문은 화엄경의 화장세계를 선(禪) 도리로 간략히 바로 끊어 보인 것이다. 이로써 경의 본뜻이 굴절 없이 전달되어 화엄의 세계가 독자의 세계가 되기를 바란다.

2. 요즈음 화엄경을 접한 이들이 최고의 경전이라 불리는 화엄경 첫머리부터 '신(神)'이라는 호칭으로 기록된 분들이 많은 것을 보고 의아하게 생각하는 경우가 있다. 화엄경의 첫머리인 세주묘엄품을 보면 이 '신(神)'이라는 호칭으로 기록된 분들이 불보살님의 화현이거나 보살마하살의 경지에서 행하는 분들임을 알 수 있다. 이런 까닭에 이 책에서는 '신(神)'을 '천제(天帝)'로 번역하였다. 예를 들면, '집금강신'은 '집금강천제'로 의역하였다. 천제는 그 세계를 다스리고 교화하는 분, 곧 깨달아, 삼매와 지혜와 덕과 신통과 방편과 변재를 갖추어서 다스리고 교화하는 분을 말한다.

3. 미주는 *로 표시하였다.

五 화장세계품 ③

爾時 普賢菩薩 復告大衆言 諸佛子 彼離垢焰藏香水海東
次有香水海 名變化微妙身 此海中 有世界種 名善布差別
方 次有香水海 名金剛眼幢 世界種 名莊嚴法界橋 次有香
水海 名種種蓮華妙莊嚴 世界種 名恒出十方變化 次有香
水海 名無間寶王輪 世界種 名寶蓮華莖密雲 次有香水海
名妙香焰普莊嚴 世界種 名毘盧遮那變化行 次有香水海 名
寶末閻浮幢 世界種 名諸佛護念境界 次有香水海 名一切
色熾然光 世界種 名最勝光徧照

보현보살이 화장장엄세계바다 이구염장향수해 동쪽의 모든 향수해와 그 가운데 세계종류에 대해 말하다

이때 보현보살이 다시 대중에게 말하였다.

"모든 불자여, 저 이구염장향수해 동쪽에 다음 향수해가 있으니 이름이 변화미묘신이고, 이 향수해 가운데 세계종류가 있으니 이름이 선포차별방이니라.

다음 향수해가 있으니 이름이 금강안당이고, 세계종류의 이름은 장엄법계교니라.

다음 향수해가 있으니 이름이 종종연화묘장엄이고, 세계종류의 이름은 항출시방변화니라.

다음 향수해가 있으니 이름이 무간보왕륜이고, 세계종류의 이름은 보연화경밀운이니라.

다음 향수해가 있으니 이름이 묘향염보장엄이고, 세계종류의 이름은 비로자나변화행이니라.

다음 향수해가 있으니 이름이 보말염부당이고, 세계종류의 이름은 제불호념경계니라.

다음 향수해가 있으니 이름이 일체색치연광이고, 세계종류의 이름은 최승광변조니라.

次有香水海　名一切莊嚴具境界　世界種　名寶焰燈　如是等
不可說佛刹微塵數香水海　其最近輪圍山香水海　名玻璨地
世界種　名常放光明　以世界海淸淨劫音聲　爲體　此中最下
方　有世界　名可愛樂淨光幢　佛刹微塵數世界　圍繞　純一淸
淨　佛號　最勝三昧精進慧　此上　過十佛刹微塵數世界　與金
剛幢世界　齊等　有世界　名香莊嚴幢　十佛刹微塵數世界　圍
繞　純一淸淨　佛號　無障礙法界燈

다음 향수해가 있으니 이름이 일체장엄구경계이고, 세계 종류의 이름은 보염등이니라.

　이와 같은 등 불가설 수 부처님세계 가는 티끌 수만큼의 향수해에서 윤위산에 가장 가까운 향수해의 이름이 파려지이니, 세계종류의 이름은 상방광명이고, 세계바다 청정한 겁의 음성으로 몸이 되어 있느니라.

　그 가운데 가장 아래쪽에 세계가 있으니 이름이 가애락정광당이고, 부처님세계 가는 티끌 수만큼의 세계가 둘러싸고 있는데 순일하고 청정하니, 부처님의 명호는 최승삼매정진혜니라.

　그 위로 열 부처님세계 가는 티끌 수만큼의 세계를 지나서 금강당세계와 같은 세계가 있으니 이름이 향장엄당이고, 열 부처님세계 가는 티끌 수만큼의 세계가 둘러싸고 있는데 순일하고 청정하니, 부처님의 명호는 무장애법계등이니라.

此上 過三佛刹微塵數世界 與娑婆世界 齊等 有世界 名放
光明藏 佛號 徧法界無障礙慧明 此上 過七佛刹微塵數世
界 至此世界種最上方 有世界 名最勝身香 二十佛刹微塵
數世界 圍繞 純一淸淨 佛號 覺分華

그 위로 세 부처님세계 가는 티끌 수만큼의 세계를 지나서 사바세계와 같은 세계가 있으니 이름이 방광명장이고, 부처님의 명호는 변법계무장애혜명이니라.

그 위로 일곱 부처님세계 가는 티끌 수만큼의 세계를 지나서 그 세계종류의 가장 위쪽에 이르러 세계가 있으니 이름이 최승신향이고, 스무 부처님세계 가는 티끌 수만큼의 세계가 둘러싸고 있는데 순일하고 청정하니, 부처님의 명호는 각분화니라.

諸佛子 彼無盡光明輪香水海外 次有香水海 名具足妙光 世界種 名徧無垢 次有香水海 名光耀蓋 世界種 名無邊普莊嚴 次有香水海 名妙寶莊嚴 世界種 名香摩尼軌度形 次有香水海 名出佛音聲 世界種 名善建立莊嚴 次有香水海 名香幢須彌藏 世界種 名光明徧滿 次有香水海 名栴檀妙光明 世界種 名華焰輪 次有香水海 名風力持 世界種 名寶焰雲幢 次有香水海 名帝釋身莊嚴 世界種 名眞珠藏

보현보살이 화장장엄세계바다 무진광명륜향수해 밖의 모든 향수해와 그 가운데 세계종류에 대해 말하다

모든 불자여, 저 무진광명륜향수해 밖에 다음 향수해가 있으니 이름이 구족묘광이고, 세계종류의 이름은 변무구니라.

다음 향수해가 있으니 이름이 광요개이고, 세계종류의 이름은 무변보장엄이니라.

다음 향수해가 있으니 이름이 묘보장엄이고, 세계종류의 이름은 향마니궤도형이니라.

다음 향수해가 있으니 이름이 출불음성이고, 세계종류의 이름은 선건립장엄이니라.

다음 향수해가 있으니 이름이 향당수미장이고, 세계종류의 이름은 광명변만이니라.

다음 향수해가 있으니 이름이 전단묘광명이고, 세계종류의 이름은 화염륜이니라.

다음 향수해가 있으니 이름이 풍력지이고, 세계종류의 이름은 보염운당이니라.

다음 향수해가 있으니 이름이 제석신장엄이고, 세계종류의 이름은 진주장이니라.

次有香水海　名平坦嚴淨　世界種　名毘琉璃末種種莊嚴　如
是等不可說佛剎微塵數香水海　其最近輪圍山香水海　名妙樹
華　世界種　名出生諸方廣大剎　以一切佛摧伏魔音　爲體　此
中最下方　有世界　名焰炬幢　佛號　世間功德海　此上　過十
佛剎微塵數世界　與金剛幢世界　齊等　有世界　名出生寶　佛
號　師子力寶雲　此上　與娑婆世界　齊等　有世界　名衣服幢
佛號　一切智海王　於此世界種最上方　有世界　名寶瓔珞師
子光明　佛號　善變化蓮華幢

다음 향수해가 있으니 이름이 평탄엄정이고, 세계종류의 이름은 비유리말종종장엄이니라.

이와 같은 등 불가설 수 부처님세계 가는 티끌 수만큼의 향수해에서 윤위산에 가장 가까운 향수해의 이름이 묘수화이니, 세계종류의 이름은 출생제방광대찰이고, 일체 부처님께서 마군을 꺾어 조복시키는 음성으로 몸이 되어 있느니라.

그 가운데 가장 아래쪽에 세계가 있으니 이름이 염거당이고, 부처님의 명호는 세간공덕해니라.

그 위로 열 부처님세계 가는 티끌 수만큼의 세계를 지나서 금강당세계와 같은 세계가 있으니 이름이 출생보이고, 부처님의 명호는 사자력보운이니라.

그 위로 사바세계와 같은 세계가 있으니, 이름이 의복당이고, 부처님의 명호는 일체지해왕이니라.

그 세계종류의 가장 위쪽에 세계가 있으니 이름이 보영락사자광명이고, 부처님의 명호는 선변화연화당이니라.

諸佛子 彼金剛焰光明香水海外 次有香水海 名一切莊嚴具
瑩飾幢 世界種 名淸淨行莊嚴 次有香水海 名一切寶華光
耀海 世界種 名功德相莊嚴 次有香水海 名蓮華開敷 世界
種 名菩薩摩尼冠莊嚴 次有香水海 名妙寶衣服 世界種 名
淨珠輪 次有香水海 名可愛華徧照 世界種 名百光雲照耀
次有香水海 名徧虛空大光明 世界種 名寶光普照 次有香
水海 名妙華莊嚴幢 世界種 名金月眼瓔珞

보현보살이 화장장엄세계바다 금강염광명향수해
밖의 모든 향수해와 그 가운데 세계종류에 대해
말하다

모든 불자여, 저 금강염광명향수해 밖에 다음 향수해가
있으니 이름이 일체장엄구영식당이고, 세계종류의 이름은
청정행장엄이니라.

다음 향수해가 있으니 이름이 일체보화광요해이고, 세계
종류의 이름은 공덕상장엄이니라.

다음 향수해가 있으니 이름이 연화개부이고, 세계종류의
이름은 보살마니관장엄이니라.

다음 향수해가 있으니 이름이 묘보의복이고, 세계종류의
이름은 정주륜이니라.

다음 향수해가 있으니 이름이 가애화변조이고, 세계종류
의 이름은 백광운조요니라.

다음 향수해가 있으니 이름이 변허공대광명이고, 세계종
류의 이름은 보광보조니라.

다음 향수해가 있으니 이름이 묘화장엄당이고, 세계종류
의 이름은 금월안영락이니라.

次有香水海　名眞珠香海藏　世界種　名佛光明　次有香水海
名寶輪光明　世界種　名善化現佛境界光明　如是等不可說佛
刹微塵數香水海　其最近輪圍山香水海　名無邊輪莊嚴底　世
界種　名無量方差別　以一切國土種種言說音　爲體　此中最
下方　有世界　名金剛華蓋　佛號　無盡相光明普門音　此上　過
十佛刹微塵數世界　有世界　與金剛幢世界　齊等　名出生寶
衣幢　佛號　福德雲大威勢　此上　與娑婆世界　齊等　有世界
名衆寶具妙莊嚴　佛號　勝慧海

다음 향수해가 있으니 이름이 진주향해장이고, 세계종류의 이름은 불광명이니라.

다음 향수해가 있으니 이름이 보륜광명이고, 세계종류의 이름은 선화현불경계광명이니라.

이와 같은 등 불가설 수 부처님세계 가는 티끌 수만큼의 향수해에서 윤위산에 가장 가까운 향수해의 이름이 무변륜장엄저이니, 세계종류의 이름은 무량방차별이고, 일체국토의 갖가지 설하는 음성으로 몸이 되어 있느니라.

그 가운데 가장 아래쪽에 세계가 있으니 이름이 금강화개이고, 부처님의 명호는 무진상광명보문음이니라.

그 위로 열 부처님세계 가는 티끌 수만큼의 세계를 지나서 금강당세계와 같은 세계가 있으니, 이름이 출생보의당이고, 부처님의 명호는 복덕운대위세니라.

그 위로 사바세계와 같은 세계가 있으니, 이름이 중보구묘장엄이고, 부처님의 명호는 승혜해니라.

於此世界種最上方 有世界 名日光明衣服幢 佛號 智日蓮
華雲

그 세계종류의 가장 위쪽에 세계가 있으니 이름이 일광
명의복당이고, 부처님의 명호는 지일연화운이니라.

諸佛子 彼帝靑寶莊嚴香水海外 次有香水海 名阿修羅宮殿
世界種 名香水光所持 次有香水海 名寶師子莊嚴 世界種
名徧示十方一切寶 次有香水海 名宮殿色光明雲 世界種 名
寶輪妙莊嚴 次有香水海 名出大蓮華 世界種 名妙莊嚴徧
照法界 次有香水海 名燈焰妙眼 世界種 名徧觀察十方變
化 次有香水海 名不思議莊嚴輪 世界種 名十方光明普名
稱 次有香水海 名寶積莊嚴 世界種 名燈光照耀

보현보살이 화장장엄세계바다 제청보장엄향수해 밖의 모든 향수해와 그 가운데 세계종류에 대해 말하다

모든 불자여, 저 제청보장엄향수해 밖에 다음 향수해가 있으니 이름이 아수라궁전이고, 세계종류의 이름은 향수광소지니라.

다음 향수해가 있으니 이름이 보사자장엄이고, 세계종류의 이름은 변시시방일체보니라.

다음 향수해가 있으니 이름이 궁전색광명운이고, 세계종류의 이름은 보륜묘장엄이니라.

다음 향수해가 있으니 이름이 출대연화이고, 세계종류의 이름은 묘장엄변조법계니라.

다음 향수해가 있으니 이름이 등염묘안이고, 세계종류의 이름은 변관찰시방변화니라.

다음 향수해가 있으니 이름이 부사의장엄륜이고, 세계종류의 이름은 시방광명보명칭이니라.

다음 향수해가 있으니 이름이 보적장엄이고, 세계종류의 이름은 등광조요니라.

次有香水海 名淸淨寶光明 世界種 名須彌無能爲礙風 次
有香水海 名寶衣欄楯 世界種 名如來身光明 如是等不可
說佛刹微塵數香水海 其最近輪圍山香水海 名樹莊嚴幢 世
界種 名安住帝網 以一切菩薩智地音聲 爲體 此中最下方
有世界 名妙金色 佛號 香焰勝威光 此上 過十佛刹微塵數
世界 與金剛幢世界 齊等 有世界 名摩尼樹華 佛號 無礙
普現 此上 與娑婆世界 齊等 有世界 名毘琉璃妙莊嚴 佛
號 法自在堅固慧

다음 향수해가 있으니 이름이 청정보광명이고, 세계종류의 이름은 수미무능위애풍이니라.

다음 향수해가 있으니 이름이 보의난순이고, 세계종류의 이름은 여래신광명이니라.

이와 같은 등 불가설 수 부처님세계 가는 티끌 수만큼의 향수해에서 윤위산에 가장 가까운 향수해의 이름이 수장엄당이니, 세계종류의 이름은 안주제망이고, 일체 보살 지혜 지위의 음성으로 몸이 되어 있느니라.

그 가운데 가장 아래쪽에 세계가 있으니 이름이 묘금색이고, 부처님의 명호는 향염승위광이니라.

그 위로 열 부처님세계 가는 티끌 수만큼의 세계를 지나서 금강당세계와 같은 세계가 있으니 이름이 마니수화이고, 부처님의 명호는 무애보현이니라.

그 위로 사바세계와 같은 세계가 있으니 이름이 비유리묘장엄이고, 부처님의 명호는 법자재견고혜니라.

於此世界種最上方　有世界　名梵音妙莊嚴　佛號　蓮華開敷
光明王

그 세계종류의 가장 위쪽에 세계가 있으니 이름이 범음
묘장엄이고, 부처님의 명호는 연화개부광명왕이니라.

諸佛子 彼金剛輪莊嚴底香水海外 次有香水海 名化現蓮華
處 世界種 名國土平正 次有香水海 名摩尼光 世界種 名
徧法界無迷惑 次有香水海 名衆妙香日摩尼 世界種 名普
現十方 次有香水海 名恒納寶流 世界種 名普行佛言音 次
有香水海 名無邊深妙音 世界種 名無邊方差別 次有香水
海 名堅實積聚 世界種 名無量處差別 次有香水海 名清淨
梵音 世界種 名普淸淨莊嚴

보현보살이 화장장엄세계바다 금강륜장엄저향수해 밖의 모든 향수해와 그 가운데 세계종류에 대해 말하다

모든 불자여, 저 금강륜장엄저향수해 밖에 다음 향수해가 있으니 이름이 화현연화처이고, 세계종류의 이름은 국토평정이니라.

다음 향수해가 있으니 이름이 마니광이고, 세계종류의 이름은 변법계무미혹이니라.

다음 향수해가 있으니 이름이 중묘향일마니이고, 세계종류의 이름은 보현시방이니라.

다음 향수해가 있으니 이름이 항납보류이고, 세계종류의 이름은 보행불언음이니라.

다음 향수해가 있으니 이름이 무변심묘음이고, 세계종류의 이름은 무변방차별이니라.

다음 향수해가 있으니 이름이 견실적취이고, 세계종류의 이름은 무량처차별이니라.

다음 향수해가 있으니 이름이 청정범음이고, 세계종류의 이름은 보청정장엄이니라.

次有香水海 名栴檀欄楯音聲藏 世界種 名逈出幢 次有香
水海 名妙香寶王光莊嚴 世界種 名普現光明力

다음 향수해가 있으니 이름이 전단난순음성장이고, 세계 종류의 이름은 형출당이니라.

다음 향수해가 있으니 이름이 묘향보왕광장엄이고, 세계 종류의 이름은 보현광명력이니라.

諸佛子 彼蓮華因陀羅網香水海外 次有香水海 名銀蓮華妙
莊嚴 世界種 名普徧行 次有香水海 名毘琉璃竹密焰雲 世
界種 名普出十方音 次有香水海 名十方光焰聚 世界種 名
恒出變化分布十方 次有香水海 名出現眞金摩尼幢 世界種
名金剛幢相 次有香水海 名平等大莊嚴 世界種 名法界勇
猛旋 次有香水海 名寶華叢無盡光 世界種 名無邊淨光明
次有香水海 名妙金幢 世界種 名演說微密處

보현보살이 화장장엄세계바다 연화인타라망향수해 밖의 모든 향수해와 그 가운데 세계종류에 대해 말하다

모든 불자여, 저 연화인타라망향수해 밖에 다음 향수해가 있으니 이름이 은연화묘장엄이고, 세계종류의 이름은 보변행이니라.

다음 향수해가 있으니 이름이 비유리죽밀염운이고, 세계종류의 이름은 보출시방음이니라.

다음 향수해가 있으니 이름이 시방광염취이고, 세계종류의 이름은 항출변화분포시방이니라.

다음 향수해가 있으니 이름이 출현진금마니당이고, 세계종류의 이름은 금강당상이니라.

다음 향수해가 있으니 이름이 평등대장엄이고, 세계종류의 이름은 법계용맹선이니라.

다음 향수해가 있으니 이름이 보화총무진광이고, 세계종류의 이름은 무변정광명이니라.

다음 향수해가 있으니 이름이 묘금당이고, 세계종류의 이름은 연설미밀처니라.

次有香水海 名光影徧照 世界種 名普莊嚴 次有香水海 名
寂音 世界種 名現前垂布 如是等不可說佛刹微塵數香水海
其最近輪圍山香水海 名密焰雲幢 世界種 名一切光莊嚴 以
一切如來道場衆會音 爲體 於此最下方 有世界 名淨眼莊
嚴 佛號 金剛月徧照十方 此上 過十佛刹微塵數世界 與金
剛幢世界 齊等 有世界 名蓮華德 佛號 大精進善覺慧 此
上 與娑婆世界 齊等 有世界 名金剛密莊嚴 佛號 娑羅王
幢

다음 향수해가 있으니 이름이 광영변조이고, 세계종류의 이름은 보장엄이니라.

다음 향수해가 있으니 이름이 적음이고, 세계종류의 이름은 현전수포니라.

이와 같은 등 불가설 수 부처님세계 가는 티끌 수만큼의 향수해에서 윤위산에 가장 가까운 향수해의 이름이 밀염운당이니, 세계종류의 이름은 일체광장엄이고, 일체 여래*의 도량 대중 모임 음성으로 몸이 되어 있느니라.

그 가장 아래쪽에 세계가 있으니 이름이 정안장엄이고, 부처님의 명호는 금강월변조시방이니라.

그 위로 열 부처님세계 가는 티끌 수만큼의 세계를 지나서 금강당세계와 같은 세계가 있으니 이름이 연화덕이고, 부처님의 명호는 대정진선각혜니라.

그 위로 사바세계와 같은 세계가 있으니, 이름이 금강밀장엄이고, 부처님의 명호는 사라왕당이니라.

此上 過七佛刹微塵數世界 有世界 名淨海莊嚴 佛號 威德
絶倫無能制伏

그 위로 일곱 부처님세계 가는 티끌 수만큼의 세계를 지
나서 세계가 있으니 이름이 정해장엄이고, 부처님의 명호
는 위덕절륜무능제복이니라.

諸佛子 彼積集寶香藏香水海外 次有香水海 名一切寶光明
徧照 世界種 名無垢稱莊嚴 次有香水海 名衆寶華開敷 世
界種 名虛空相 次有香水海 名吉祥幄徧照 世界種 名無礙
光普莊嚴 次有香水海 名栴檀樹華 世界種 名普現十方旋
次有香水海 名出生妙色寶 世界種 名勝幢周徧行 次有香水
海 名普生金剛華 世界種 名現不思議莊嚴 次有香水海 名
心王摩尼輪嚴飾 世界種 名示現無礙佛光明

보현보살이 화장장엄세계바다 적집보향장향수해 밖의 모든 향수해와 그 가운데 세계종류에 대해 말하다

모든 불자여, 저 적집보향장향수해 밖에 다음 향수해가 있으니 이름이 일체보광명변조이고, 세계종류의 이름은 무구칭장엄이니라.

다음 향수해가 있으니 이름이 중보화개부이고, 세계종류의 이름은 허공상이니라.

다음 향수해가 있으니 이름이 길상악변조이고, 세계종류의 이름은 무애광보장엄이니라.

다음 향수해가 있으니 이름이 전단수화이고, 세계종류의 이름은 보현시방선이니라.

다음 향수해가 있으니 이름이 출생묘색보이고, 세계종류의 이름은 승당주변행이니라.

다음 향수해가 있으니 이름이 보생금강화이고, 세계종류의 이름은 현부사의장엄이니라.

다음 향수해가 있으니 이름이 심왕마니륜엄식이고, 세계종류의 이름은 시현무애불광명이니라.

次有香水海 名積集寶瓔珞 世界種 名淨除疑 次有香水海
名眞珠輪普莊嚴 世界種 名諸佛願所流 如是等不可說佛刹
微塵數香水海 其最近輪圍山香水海 名閻浮檀寶藏輪 世界
種 名普音幢 以入一切智門音聲 爲體 此中最下方 有世界
名華藥焰 佛號 精進施 此上 過十佛刹微塵數世界 與金剛
幢世界 齊等 有世界 名蓮華光明幢 佛號 一切功德最勝心
王 此上 過三佛刹微塵數世界 與娑婆世界 齊等 有世界 名
十力莊嚴 佛號 善出現無量功德王

다음 향수해가 있으니 이름이 적집보영락이고, 세계종류의 이름은 정제이니라.

다음 향수해가 있으니 이름이 진주륜보장엄이고, 세계종류의 이름은 제불원소류니라.

이와 같은 등 불가설 수 부처님세계 가는 티끌 수만큼의 향수해에서 윤위산에 가장 가까운 향수해의 이름이 염부단보장륜이니, 세계종류의 이름은 보음당이고, 일체 지혜문에 들어가는 음성으로 몸이 되어 있느니라.

그 가운데 가장 아래쪽에 세계가 있으니 이름이 화예염이고, 부처님의 명호는 정진시니라.

그 위로 열 부처님세계 가는 티끌 수만큼의 세계를 지나서 금강당세계와 같은 세계가 있으니 이름이 연화광명당이고, 부처님의 명호는 일체공덕최승심왕이니라.

그 위로 세 부처님세계 가는 티끌 수만큼의 세계를 지나서 사바세계와 같은 세계가 있으니, 이름이 십력장엄이고, 부처님의 명호는 선출현무량공덕왕이니라.

於此世界種最上方　有世界　名摩尼香山幢　佛號　廣大善眼
淨除疑

그 세계종류의 가장 위쪽에 세계가 있으니 이름이 마니 향산당이고, 부처님의 명호는 광대선안정제이니라.

諸佛子 彼寶莊嚴香水海外 次有香水海 名持須彌光明藏 世
界種 名出生廣大雲 次有香水海 名種種莊嚴大威力境界 世
界種 名無礙淨莊嚴 次有香水海 名密布寶蓮華 世界種 名
最勝燈莊嚴 次有香水海 名依止一切寶莊嚴 世界種 名日
光明網藏 次有香水海 名衆多嚴淨 世界種 名寶華依處 次
有香水海 名極聰慧行 世界種 名最勝形莊嚴 次有香水海
名持妙摩尼峰 世界種 名普淨虛空藏

보현보살이 화장장엄세계바다 보장엄 향수해 밖의 모든 향수해와 그 가운데 세계종류에 대해 말하다

모든 불자여, 저 보장엄향수해 밖에 다음 향수해가 있으니 이름이 지수미광명장이고, 세계종류의 이름은 출생광대운이니라.

다음 향수해가 있으니 이름이 종종장엄대위력경계이고, 세계종류의 이름은 무애정장엄이니라.

다음 향수해가 있으니 이름이 밀포보연화이고, 세계종류의 이름은 최승등장엄이니라.

다음 향수해가 있으니 이름이 의지일체보장엄이고, 세계종류의 이름은 일광명망장이니라.

다음 향수해가 있으니 이름이 중다엄정이고, 세계종류의 이름은 보화의처니라.

다음 향수해가 있으니 이름이 극총혜행이고, 세계종류의 이름은 최승형장엄이니라.

다음 향수해가 있으니 이름이 지묘마니봉이고, 세계종류의 이름은 보정허공장이니라.

次有香水海 名大光徧照 世界種 名帝青炬光明 次有香水
海 名可愛摩尼珠充滿徧照 世界種 名普吼聲 如是等不可
說佛剎微塵數香水海 其最近輪圍山香水海 名出帝青寶 世
界種 名周徧無差別 以一切菩薩震吼聲 爲體 此中最下方
有世界 名妙勝藏 佛號 最勝功德慧 此上 過十佛剎微塵數
世界 與金剛幢世界 齊等 有世界 名莊嚴相 佛號 超勝大
光明 此上 與娑婆世界 齊等 有世界 名琉璃輪普莊嚴 佛
號 須彌燈

다음 향수해가 있으니 이름이 대광변조이고, 세계종류의 이름은 제청거광명이니라.

다음 향수해가 있으니 이름이 가애마니주충만변조이고, 세계종류의 이름은 보후성이니라.

이와 같은 등 불가설 수 부처님세계 가는 티끌 수만큼의 향수해에서 윤위산에 가장 가까운 향수해의 이름이 출제청보이니, 세계종류의 이름은 주변무차별이고, 일체 보살의 우레같이 소리높여 설법하는 음성으로 몸이 되어 있느니라.

그 가운데 가장 아래쪽에 세계가 있으니 이름이 묘승장이고, 부처님의 명호는 최승공덕혜니라.

그 위로 열 부처님세계 가는 티끌 수만큼의 세계를 지나서 금강당세계와 같은 세계가 있으니 이름이 장엄상이고, 부처님의 명호는 초승대광명이니라.

그 위로 사바세계와 같은 세계가 있으니, 이름이 유리륜보장엄이고, 부처님의 명호는 수미등이니라.

於此世界種最上方　有世界　名華幢海　佛號　無盡變化妙慧
雲

그 세계종류의 가장 위쪽에 세계가 있으니 이름이 화당해이고, 부처님의 명호는 무진변화묘혜운이니라.

諸佛子 彼金剛寶聚香水海外 次有香水海 名崇飾寶埤堄 世
界種 名秀出寶幢 次有香水海 名寶幢莊嚴 世界種 名現一
切光明 次有香水海 名妙寶雲 世界種 名一切寶莊嚴光明
徧照 次有香水海 名寶樹華莊嚴 世界種 名妙華間飾 次有
香水海 名妙寶衣莊嚴 世界種 名光明海 次有香水海 名寶
樹峰 世界種 名寶焰雲 次有香水海 名示現光明 世界種 名
入金剛無所礙

보현보살이 화장장엄세계바다 금강보취향수해 밖의 모든 향수해와 그 가운데 세계종류에 대해 말하다

모든 불자여, 저 금강보취향수해 밖에 다음 향수해가 있으니 이름이 숭식보비예이고, 세계종류의 이름은 수출보당이니라.

다음 향수해가 있으니 이름이 보당장엄이고, 세계종류의 이름은 현일체광명이니라.

다음 향수해가 있으니 이름이 묘보운이고, 세계종류의 이름은 일체보장엄광명변조니라.

다음 향수해가 있으니 이름이 보수화장엄이고, 세계종류의 이름은 묘화간식이니라.

다음 향수해가 있으니 이름이 묘보의장엄이고, 세계종류의 이름은 광명해니라.

다음 향수해가 있으니 이름이 보수봉이고, 세계종류의 이름은 보염운이니라.

다음 향수해가 있으니 이름이 시현광명이고, 세계종류의 이름은 입금강무소애니라.

次有香水海 名蓮華普莊嚴 世界種 名無邊岸海淵 次有香
水海 名妙寶莊嚴 世界種 名普示現國土藏 如是等不可說
佛剎微塵數香水海 其最近輪圍山香水海 名不可壞海 世界
種 名妙輪間錯蓮華場 以一切佛力所出音 爲體 此中最下
方 有世界 名最妙香 佛號 變化無量塵數光 此上 過十佛
剎微塵數世界 與金剛幢世界 齊等 有世界 名不思議差別
莊嚴門 佛號 無量智 此上 與娑婆世界 齊等 有世界 名十
方光明妙華藏 佛號 師子眼光焰雲

다음 향수해가 있으니 이름이 연화보장엄이고, 세계종류의 이름은 무변안해연이니라.

다음 향수해가 있으니 이름이 묘보장엄이고, 세계종류의 이름은 보시현국토장이니라.

이와 같은 등 불가설 수 부처님세계 가는 티끌 수만큼의 향수해에서 윤위산에 가장 가까운 향수해의 이름이 불가괴해이니, 세계종류의 이름은 묘륜간착연화장이고, 일체 부처님의 힘에서 나오는 음성으로 몸이 되어 있느니라.

이 가운데 가장 아래쪽에 세계가 있으니 이름이 최묘향이고, 부처님의 명호는 변화무량진수광이니라.

그 위로 열 부처님세계 가는 티끌 수만큼의 세계를 지나서 금강당세계와 같은 세계가 있으니 이름이 부사의차별장엄문이고, 부처님의 명호는 무량지니라.

그 위로 사바세계와 같은 세계가 있으니, 이름이 시방광명묘화장이고, 부처님의 명호는 사자안광염운이니라.

於此最上方 有世界 名海音聲 佛號 水天光焰門

그 가장 위쪽에 세계가 있으니 이름이 해음성이고, 부처
님의 명호는 수천광염문이니라.

諸佛子 彼天城寶堞香水海外 次有香水海 名焰輪赫奕光 世界種 名不可說種種莊嚴 次有香水海 名寶塵路 世界種 名普入無量旋 次有香水海 名具一切莊嚴 世界種 名寶光徧照 次有香水海 名布衆寶網 世界種 名安布深密 次有香水海 名妙寶莊嚴幢 世界種 名世界海明了音 次有香水海 名日宮清淨影 世界種 名徧入因陀羅網 次有香水海 名一切鼓樂美妙音 世界種 名圓滿平正

보현보살이 화장장엄세계바다 천성보첩향수해 밖의 모든 향수해와 그 가운데 세계종류에 대해 말하다

모든 불자여, 저 천성보첩향수해 밖에 다음 향수해가 있으니 이름이 염륜혁혁광이고, 세계종류의 이름은 불가설종종장엄이니라.

다음 향수해가 있으니 이름이 보진로이고, 세계종류의 이름은 보입무량선이니라.

다음 향수해가 있으니 이름이 구일체장엄이고, 세계종류의 이름은 보광변조니라.

다음 향수해가 있으니 이름이 포중보망이고, 세계종류의 이름은 안포심밀이니라.

다음 향수해가 있으니 이름이 묘보장엄당이고, 세계종류의 이름은 세계해명료음이니라.

다음 향수해가 있으니 이름이 일궁청정영이고, 세계종류의 이름은 변입인타라망이니라.

다음 향수해가 있으니 이름이 일체고악미묘음이고, 세계종류의 이름은 원만평정이니라.

次有香水海 名種種妙莊嚴 世界種 名淨密光焰雲 次有香
水海 名周徧寶焰燈 世界種 名隨佛本願種種形 如是等不
可說佛刹微塵數香水海 其最近輪圍山香水海 名積集瓔珞衣
世界種 名化現妙衣 以三世一切佛音聲 爲體 此中最下方
有香水海 名因陀羅華藏 世界 名發生歡喜 佛刹微塵數世
界 圍繞 純一淸淨 佛號 堅悟智 此上 過十佛刹微塵數世
界 與金剛幢世界 齊等 有世界 名寶網莊嚴 十佛刹微塵數
世界 圍繞 純一淸淨 佛號 無量歡喜光

다음 향수해가 있으니 이름이 종종묘장엄이고, 세계종류의 이름은 정밀광염운이니라.

다음 향수해가 있으니 이름이 주변보염등이고, 세계종류의 이름은 수불본원종종형이니라.

이와 같은 등 불가설 수 부처님세계 가는 티끌 수만큼의 향수해에서 윤위산에 가장 가까운 향수해의 이름이 적집영락의이니, 세계종류의 이름은 화현묘의이고, 삼세 일체 부처님의 음성으로 몸이 되어 있느니라.

그 가운데 가장 아래쪽에 향수해가 있으니 이름이 인타라화장이고, 세계의 이름은 발생환희이며, 부처님세계 가는 티끌 수만큼의 세계가 둘러싸고 있는데 순일하고 청정하니, 부처님의 명호는 견오지니라.

그 위로 열 부처님세계 가는 티끌 수만큼의 세계를 지나서 금강당세계와 같은 세계가 있으니, 이름이 보망장엄이고, 열 부처님세계 가는 티끌 수만큼의 세계가 둘러싸고 있는데 순일하고 청정하니, 부처님의 명호는 무량환희광이니라.

此上 過三佛剎微塵數世界 與娑婆世界 齊等 有世界 名寶
蓮華師子座 十三佛剎微塵數世界 圍繞 佛號 最清淨不空
聞 此上 過七佛剎微塵數世界 至此世界種最上方 有世界
名寶色龍光明 二十佛剎微塵數世界 圍繞 純一清淨 佛號
徧法界普照明

그 위로 세 부처님세계 가는 티끌 수만큼의 세계를 지나서 사바세계와 같은 세계가 있으니, 이름이 보연화사자좌이고, 열세 부처님세계 가는 티끌 수만큼의 세계가 둘러싸고 있으니, 부처님의 명호는 최청정불공문이니라.

그 위로 일곱 부처님세계 가는 티끌 수만큼의 세계를 지나서 그 세계종류의 가장 위쪽에 이르러 세계가 있으니 이름이 보색용광명이고, 이십 부처님세계 가는 티끌 수만큼의 세계가 둘러싸고 있는데 순일하고 청정하니, 부처님의 명호는 변법계보조명이니라.

諸佛子 如是十不可說佛刹微塵數香水海中 有十不可說佛刹
微塵數世界種 皆依現一切菩薩形摩尼王幢莊嚴蓮華住 各各
莊嚴際 無有間斷 各各放寶色光明 各各光明雲 而覆其上
各各莊嚴具 各各劫差別 各各佛出現 各各演法海 各各衆生
徧充滿 各各十方 普趣入 各各一切佛 神力所加持 此一一
世界種中 一切世界 依種種莊嚴住 遞相接連 成世界網 於
華藏莊嚴世界海 種種差別 周徧建立 爾時 普賢菩薩 欲重
宣其義 承佛威力 而說頌言

보현보살이 화장장엄세계바다 모든 향수해와 그
가운데 모든 세계종류에 대해 말하다

 모든 불자여, 이와 같은 십불가설 수 부처님세계 가는 티
끌 수만큼의 향수해 가운데, 십불가설 수 부처님세계 가는
티끌 수만큼의 세계종류가 있느니라.

 모두 일체 보살 형상을 나타내는 마니왕당기*로 장엄한
연꽃을 의지해 머무르고, 각각 장엄한 경계가 끊어짐이 없
으며, 각각 보배빛 광명을 놓고, 각각 광명구름이 그 위를
덮고 있으며, 각각 장엄을 갖추고, 각각 겁이 차별되며, 각
각 부처님께서 출현하시고, 각각 법해*를 널리 펴며, 각각
중생이 두루 가득하고, 각각 시방에 널리 나아가 들며, 각
각 일체 부처님 신통력의 가피를 입느니라.

 이 낱낱의 세계종류 가운데 일체 세계가 갖가지 장엄을
의지해 머무르고, 서로 이어져 세계그물을 이루니, 저 화
장장엄세계바다가 갖가지로 차별되게 두루 건립되어 있느
니라."

 이때 보현보살이 그 뜻을 거듭 펴고자 부처님의 위신력*
을 받아서 게송으로 말하였다.

華藏世界海
法界等無別
莊嚴極清淨
安住於虛空

此世界海中
刹種難思議
一一皆自在
各各無雜亂

華藏世界海
刹種善安布
殊形異莊嚴
種種相不同

화장세계바다는
법계와 같아서 차별이 없고
지극히 청정한 장엄으로
허공에 편히 머무네

이 세계바다 가운데의
세계종류를 생각하기 어려우나
낱낱이 다 자재하여
각각, 섞여 어지러움이 없네

화장세계바다에
세계종류가 잘 펼쳐져 있어
다른 형상 다른 장엄들이
갖가지 모습으로 같지 않네

諸佛變化音
種種爲其體
隨其業力見
刹種妙嚴飾

須彌山城網
水漩輪圓形
廣大蓮華開
彼彼互圍繞

山幢樓閣形
旋轉金剛形
如是不思議
廣大諸刹種

모든 부처님의 변화한 음성으로
갖가지의 그 몸을 이루고
업력을 따라 보여서
세계종류를 묘하게 장엄했네

수미산성의 그물과
물이 소용돌이치는 둥근 형상과
광대하게 핀 연꽃이
서로서로 둘러싸고 있는데

산 당기, 누각의 형상과
돌며 구르는 금강의 형상
이와 같이 부사의한
모든 세계종류 광대함이여

大海眞珠焰
光網不思議
如是諸刹種
悉在蓮華住

一一諸刹種
光網不可說
光中現衆刹
普徧十方海

一切諸刹種
所有莊嚴具
國土悉入中
普見無有盡

큰 바다 진주불꽃
부사의한 광명그물
이러한 모든 세계종류가
모두 연꽃 위에 머무르네

낱낱 모든 세계종류의
광명그물 말할 수 없음이여
광명 속에 온갖 세계 나투어
시방 바다에 널리 두루하네

일체 모든 세계종류의
모든 장엄구
국토까지도 다 그 가운데 들어감을
다함 없이 널리 보이셨네

刹種不思議
世界無邊際
種種妙嚴好
皆由大仙力

一切刹種中
世界不思議
或成或有壞
或有已壞滅

譬如林中葉
有生亦有落
如是刹種中
世界有成壞

부사의한 세계종류의
끝이 없는 세계와
갖가지 묘한 장엄의 아름다움
모두가 부처님의 능력일세

일체 세계종류 가운데의
부사의한 세계가
혹 이루거나 혹 무너지며
혹 이미 멸한 것도 있네

마치 숲 가운데 잎이
생기거나 떨어지는 것과 같이
이러한 세계종류 가운데
세계가 이루어지고 무너지네

譬如依樹林
種種果差別
如是依刹種
種種衆生住

譬如種子別
生果各殊異
業力差別故
衆生刹不同

譬如心王寶
隨心見衆色
衆生心淨故
得見淸淨刹

마치 나무숲을 의지해서
갖가지 열매가 다르듯이
이와 같이 세계종류를 의지해서
갖가지 중생들이 머무르네

마치 종류가 다르면
열리는 열매도 각각 다르듯이
업력이 다른 까닭으로
중생세계도 같지 않네

마치 심왕의 보배가
마음을 따라 온갖 색을 보이듯
중생의 마음이 청정한 까닭에
청정한 세계를 보인다네

譬如大龍王
興雲徧虛空
如是佛願力
出生諸國土

如幻師呪術
能現種種事
衆生業力故
國土不思議

譬如衆績像
畫師之所作
如是一切刹
心畫師所成

마치 큰 용왕이
구름을 일으켜 허공에 두루하게 하듯
부처님의 원력으로 이러-히
모든 국토 생겨났네

마치 요술사가 주술로
온갖 일을 나투는 것 같이
중생들의 업력으로 인해
국토도 부사의하네

마치 온갖 채색과 형상을
화공이 그려내듯이
이와 같은 일체 세계를
마음이라는 화공이 지어내었네

衆生身各異
隨心分別起
如是刹種種
莫不皆由業

譬如見導師
種種色差別
隨衆生心行
見諸刹亦然

一切諸刹際
周布蓮華網
種種相不同
莊嚴悉淸淨

중생들의 몸이 각각 다른 것은
마음의 분별을 따라서 비롯된 것
이와 같이 세계가 갖가지인 것도
모두 업에서 비롯되었네

마치 부처님께서
갖가지 차별된 색을 나타내 보이듯
중생이 마음과 행을 따라
모든 세계를 나투어 보임도 그러하네

일체 모든 세계의 경계에
두루 펼쳐진 연꽃그물
갖가지 모습으로 같지 않은
장엄이 다 청정하네

彼諸蓮華網
刹網所安住
種種莊嚴事
種種衆生居

或有刹土中
險惡不平坦
由衆生煩惱
於彼如是見

雜染及清淨
無量諸刹種
隨衆生心起
菩薩力所持

저 모든 연꽃그물이
편안히 머물러 있는 세계그물에
갖가지 일이 장엄되고
온갖 중생들이 사네

혹 어떤 세계는
험악하여 평탄하지 못하니
중생들의 번뇌 때문에
이와 같이 나타내 보이게 된 것이네

잡되어 물들거나 청정한
한량없는 모든 세계종류가
중생이 일으키는 마음을 따라
보살의 힘을 가지게도 되네

或有刹土中
雜染及清淨
斯由業力起
菩薩之所化

有刹放光明
離垢寶所成
種種妙嚴飾
諸佛令清淨

一一刹種中
劫燒不思議
所現雖敗惡
其處常堅固

혹 세계 가운데
잡되어 물든 것이나 청정한 것이 있는데
업력을 말미암아 생긴 것들이니
보살들이 교화할 바라네

어떤 세계는 광명을 놓아서
번뇌 여의고 보배를 이루게 하니
갖가지로 묘하게 장엄함이
모든 부처님께서 청정하게 하심일세

낱낱의 세계종류 가운데
부사의한 겁에 타서
비록 재난으로 무너짐을 나투더라도
그곳은 항상 견고하네

由衆生業力
出生多刹土
依止於風輪
及以水輪住

世界法如是
種種見不同
而實無有生
亦復無滅壞

一一心念中
出生無量刹
以佛威神力
悉見淨無垢

중생들의 업력 때문에
많은 세계 생겨나서
풍륜*을 의지하기도 하고
수륜에 머물기도 하네

세계의 법이 이와 같아서
갖가지로 같지 않음을 보이나
진실로 낳은 적도 없고
또한 다시 멸한 적도, 무너진 적도 없네

낱낱의 마음 생각 가운데서
한량없는 세계가 생겨 나왔지만
부처님의 위신력으로
청정하여 티 없음을 다 나타내 보이네

有刹泥土成
其體甚堅硬
黑暗無光照
惡業者所居

有刹金剛成
雜染大憂怖
苦多而樂少
薄福之所處

或有用鐵成
或以赤銅作
石山險可畏
罪惡者充滿

어떤 세계는 진흙으로 이루어져
그 몸이 매우 굳으며
암흑이라 빛이 없는데
악업 중생들이 사는 곳이라네

어떤 세계는 금강으로 이루어진 세계건만
잡되고 물듦으로 해서 크게 두려워하며
고통은 많고 즐거움은 적으니
박복한 이들의 사는 곳이네

혹 철로 이루어졌거나
혹 붉은 구리로 이루어졌거나
험하고 두려운 돌산이어서
죄악을 지은 이들로 가득하네

刹中有地獄
衆生苦無救
常在黑暗中
焰海所燒然

或復有畜生
種種醜陋形
由其自惡業
常受諸苦惱

或見閻羅界
飢渴所煎逼
登上大火山
受諸極重苦

세계 중에 지옥이 있는데
고통에서 구할 수 없는 중생들이
항시 암흑 가운데나
타오르는 불꽃바다에 있다네

혹 또한 축생으로 있으니
온갖 추하고 천한 형상이라
자기 악업으로 말미암아
항상 모든 고통을 받는다네

혹 염라세계를 보니
주림과 갈증과 급박함과 애탐으로
크게 불타는 산에 올라
모든 극치의 중한 고통을 받듯 하네

或有諸剎土
七寶所合成
種種諸宮殿
斯由淨業得

汝應觀世間
其中人與天
淨業果成就
隨時受快樂

一一毛孔中
億剎不思議
種種相莊嚴
未曾有迫隘

혹 많은 세계가
칠보로 이루어졌으니
갖가지 모든 궁전이
청정한 업으로 말미암은 것이네

그대는 응당 세간을 관하라
그 가운데 인간세상이나 천상세계들이
청정한 업의 결과로 이루어져
때에 따라 쾌락을 받는 것이네

낱낱 털구멍 속에
부사의한 억의 세계가
갖가지 모습으로 장엄되었건만
좁아서 핍박됨 전혀 없네

衆生各各業
世界無量種
於中取着生
受苦樂不同

有刹衆寶成
常放無邊光
金剛妙蓮華
莊嚴淨無垢

有刹光爲體
依止光輪住
金色栴檀香
焰雲普照明

중생들 각각의 업으로
한량없는 종류의 세계에서
그 가운데 취함과 집착 낳아
고와 낙 받음이 같지 않네

어떤 세계는 뭇 보배로 이루어져
항상 가없는 광명을 놓고
금강의 묘한 연꽃으로
티 없이 청정하게 장엄했네

어떤 세계는 광명으로 몸이 이루어져
광명바퀴를 의지해 머무르고
금빛의 전단향과
불꽃구름이 널리 밝게 비추네

有刹月輪成
香衣悉周布
於一蓮華內
菩薩皆充滿

有刹衆寶成
色相無諸垢
譬如天帝網
光明恒照耀

有刹香爲體
或是金剛華
摩尼光影形
觀察甚清淨

어떤 세계는 월륜으로 이루어져
향기로운 옷이 두루 다 펼쳐지고
온통인 연꽃 안에
보살들이 다 충만하네

어떤 세계는 뭇 보배로 이루어져
색상에 모든 티가 없고
마치 제석천의 그물*같이
광명이 항상 비춰 빛나네

어떤 세계는 향으로 몸이 되고
혹 금강의 꽃과
마니의 광명 모습이니
관찰하면 매우 청정하네

或有難思刹
華旋所成就
化佛皆充滿
菩薩普光明

或有清淨刹
悉是衆華樹
妙枝布道場
蔭以摩尼雲

有刹淨光照
金剛華所成
有是佛化音
無邊列成網

혹 생각으로는 밝히기 어려운 세계가 있는데
꽃으로 빙 둘러 이루어진 곳으로
화신불로 다 가득하고
보살들의 광명이 널리 미치네

혹 어떤 청정한 세계는
모두가 온갖 꽃과 나무들이라
묘한 가지들이 도량에 펼쳐졌고
마니구름으로 그늘이 되었네

어떤 세계는 청정한 광명이 비추어
금강꽃으로 이루어졌고
어떤 곳은 부처님께서 화현한 음성으로
가없는 그물을 이루었네

有刹如菩薩
摩尼妙寶冠
或有如座形
從化光明出

或是栴檀末
或是眉間光
或佛光中音
而成斯妙刹

惑見淸淨刹
以一光莊嚴
或見多莊嚴
種種皆奇妙

어떤 세계는 보살의
마니 묘한 보배관 같고
혹 좌대의 형상 같으니
화현한 광명에서 나온 것이네

혹 전단가루와
혹 미간의 광명과
혹 부처님 광명 속의 음성이
그 묘한 세계를 이루기도 하네

혹 청정한 세계가
온통인 광명으로 장엄함을 보이고
혹 다양한 장엄이
갖가지로 다 기묘함을 보이네

或用十國土
妙物作嚴飾
或以千土中
一切爲莊校

或以億刹物
莊嚴於一土
種種相不同
皆如影像現

不可說土物
莊嚴於一刹
各各放光明
如來願力起

혹 열 국토에 베풀어진
묘한 물건들로 장엄되었고
혹 천 국토 가운데의
일체의 것으로 장엄되었으며

혹 일억 세계의 물건들로
한 국토를 장엄하기도 하니
같지 않은 갖가지 모습들
모두 영상같이 나투었네

말로 다할 수 없는 국토의 물건이
한 세계를 장엄해서
각각 광명을 놓음이
여래의 원력으로 일으킴이네

或有諸國土
願力所淨治
一切莊嚴中
普見眾刹海

諸修普賢願
所得清淨土
三世刹莊嚴
一切於中現

佛子汝應觀
刹種威神力
未來諸國土
如夢悉令見

혹 많은 국토가
원력으로 청정하게 다스려서
일체의 장엄 가운데에서
온갖 세계를 널리 나타내 보이네

모두 보현의 서원을 닦음으로 해서
청정 국토를 얻은 것이니
삼세 세계의 장엄을
일체 그 가운데 나투었네

불자들이여, 그대들은 세계종류를
위신력으로 마땅히 관하라
미래의 모든 국토까지
꿈과 같이 다 보게 하네

十方諸世界
過去國土海
咸於一剎中
現像猶如化

三世一切佛
及以其國土
於一剎種中
一切悉觀見

一切佛神力
塵中現衆土
種種悉明見
如影無眞實

시방의 모든 세계와
과거의 국토바다까지
모두 한 세계 가운데
형상을 나투어 화현케 한 것과 같아

삼세 일체 부처님과
그 국토들을
한 세계종류 가운데
일체 다 관하여 보게 하네

일체 부처님의 위신력으로
티끌 가운데 온갖 국토를 나투어
갖가지를 다 밝게 보이심이
그림자 같아서 진실로 없는 것이네

或有衆多刹
其形如大海
或如須彌山
世界不思議

有刹善安住
其形如帝網
或如樹林形
諸佛滿其中

或作寶輪形
或有蓮華狀
八隅備衆飾
種種悉清淨

혹 갖가지 많은 세계가 있는데
그 형상이 큰 바다 같기도 하고
혹 수미산 같기도 하니
세계가 부사의하네

혹 잘 안주한 세계가 있는데
그 형상이 제석천 그물 같고
혹 나무숲 형상 같기도 하니
그 가운데 모든 부처님이 가득하네

혹 보배바퀴 형상을 짓고
혹 연꽃 형상이 있는데
여덟 모에 갖추어진 온갖 장식이
갖가지 다 청정하네

或有如座形
或復有三隅
或如佉勒迦
城廓梵王身

或如天主髻
或有如半月
或如摩尼山
或如日輪形

或有世界形
譬如香海旋
或作光明輪
佛昔所嚴淨

혹 좌대 형상 같고
혹 세모도 있으며
혹 거륵가*와
성곽이나 범천왕 몸과 같네

혹 천제상투 같고
혹 반달 같으며
혹 마니산 같고
혹 일륜 형상 같네

혹 어떤 세계의 형상은
마치 향수해가 도는 것 같고
혹 광명바퀴처럼 만들어져 있으니
부처님께서 옛적에 청정히 장엄한 바일세

或有輪輞形
或有壇墠形
或如佛毫相
肉髻廣長眼

或有如佛手
或如金剛杵
或如焰山形
菩薩悉周徧

或如師子形
或如海蚌形
無量諸色相
體性各差別

혹 바퀴테 형상도 있고
혹 제단 형상도 있고
혹 부처님의 백호상*이나
육계와 광장안* 같네

혹 부처님 손 같고
혹 금강저와 같으며
혹 불꽃산의 형상 같은데
보살들이 다 두루하네

혹 사자 형상 같고
혹 바다조개 형상 같아서
모든 색과 모양 한량없음은
성품의 몸*이 각각 다르기 때문이네

於一刹種中
刹形無有盡
皆由佛願力
護念得安住

有刹住一劫
或住於十劫
乃至過百千
國土微塵數

或於一劫中
見刹有成壞
或無量無數
乃至不思議

한 세계종류 가운데에서도
세계의 형상들이 다함이 없지만
모두 부처님께서 원력으로
살펴서 편안히 머물게 하시네

어떤 세계는 일 겁을 머물고
혹 십 겁을 머물며
내지 백천 겁이 지나는
국토들이 가는 티끌 수만큼이네

혹 일 겁 가운데에서
세계가 이루어지고 무너짐을 보이고
혹 한량없고 수없는 겁을 지나니
더욱 부사의하네

或有刹有佛
或有刹無佛
或有唯一佛
或有無量佛

國土若無佛
他方世界中
有佛變化來
爲現諸佛事

歿天與降神
處胎及出生
降魔成正覺
轉無上法輪

혹 어떤 세계는 부처님께서 계시고
혹 어떤 세계는 부처님께서 계시지 않으며
혹 오직 한 부처님만 계시고
혹 한량없는 부처님께서 계시네

국토에 만약 부처님께서 계시지 않으면
다른 세계 가운데에서
부처님께서 변화하여 와서
모든 불사를 나투어 다스리신다네

도솔천에서 내려와
태에 들어 출생하고
마군들을 항복받고 정각을 이루어
위 없는 법륜을 굴리시기도 하네

隨眾生心樂
示現種種相
爲轉妙法輪
悉應其根欲

一一佛刹中
一佛出興世
經於億千歲
演說無上法

眾生非法器
不能見諸佛
若有心樂者
一切處皆見

중생들 마음에 즐거함을 따라서
갖가지 모습을 나타내 보이고
미묘한 법륜을 굴려서
그들의 근기와 욕망에 다 응해주시네

낱낱의 부처님세계 가운데
한 부처님께서 세상에 출현하여
억천 세를 지나도록
위 없는 법을 널리 펴 설하시네

중생이 법의 그릇이 아니면
모든 부처님을 능히 보지 못하지만
만약 마음에 즐겨하는 이가 있으면
모든 곳에서 다 본다네

一一刹土中
各有佛興世
一切刹中佛
億數不思議

此中一一佛
現無量神變
悉徧於法界
調伏衆生海

有刹無光明
黑暗多恐懼
苦觸如刀劍
見者自酸毒

낱낱 국토 가운데
부처님께서 각각 출현하시니
일체 세계 가운데 부처님
몇억 분인지 부사의하네

이 가운데 한 분 한 분 부처님께서
한량없는 신통변화를 나투어
온 법계에 두루하여
중생바다를 조복시키시네

어떤 세계는 광명이 없어서
어둡고 캄캄하여 두려워함이 많고
닿는 고통이 칼로 찌르는 것 같아서
보는 이도 저절로 가혹함을 느끼네

或有諸天光
或有宮殿光
或日月光明
刹網難思議

有刹自光明
或樹放淨光
未曾有苦惱
衆生福力故

或有山光明
或有摩尼光
或以燈光明
悉衆生業力

혹 어떤 세계는 천상의 광명이 있고
혹 어떤 세계는 궁전의 광명이 있으며
혹 어떤 세계는 해와 달의 광명이 있으니
세계그물 생각으로 헤아리기 어렵네

어떤 세계는 스스로 광명이 있고
혹 나무가 청정한 광명을 놓으며
고통과 번뇌가 없기도 하니
중생들의 복력 때문이네

혹 산의 광명이 있고
혹 마니의 광명이 있으며
혹 등불광명이 있으니
모두가 중생의 업력이네

或有佛光明
菩薩滿其中
有是蓮華光
焰色甚嚴好

有刹華光照
有以香水照
塗香燒香照
皆由淨願力

有以雲光照
摩尼蚌光照
佛神力光照
能宣悅意聲

혹 부처님의 광명이 있어서
보살들이 그 가운데 가득하고
어떤 곳은 연꽃광명이 있어서
불꽃 빛의 장엄이 매우 훌륭하네

어떤 세계는 꽃광명이 비추고
어떤 세계는 향수가 비추며
어떤 세계는 바르는 향과 태우는 향이 비추니
모두가 청정한 원력 때문이네

어떤 곳은 구름광명이 비추고
마니조개광명이 비추는데
부처님의 위신력인 광명이 비추어
기쁜 뜻을 소리로 널리 펴네

或以寶光照
或金剛焰照
淨音能遠震
所至無衆苦

或以摩尼光
或是嚴具光
或道場光明
照耀衆會中

佛放大光明
化佛滿其中
其光普照觸
法界悉周徧

혹 보배광명이 비추고
혹 금강불꽃이 비추니
청정한 음성이 멀리 울려퍼져
이르르는 곳마다 온갖 고통을 없애주네

혹 마니광명이나
혹 장엄구의 광명
혹 도량의 광명이
대중 모임 가운데를 밝게 비추네

부처님께서 큰 광명을 놓으시면
화신불이 그 가운데 가득해서
그 광명이 널리 비추니
법계에 다 두루하네

有刹甚可畏
嘷叫大苦聲
其聲極酸楚
聞者生厭怖

地獄畜生道
及以閻羅處
是濁惡世界
恒出憂苦聲

或有國土中
常出可樂音
悅意順其教
斯由淨業得

어떤 세계는 심히 두려워하며
부르짖는 큰 고통의 소리
그 소리가 매우 가혹한 것이어서
듣는 이들이 싫어하고 두려워하네

지옥과 축생도와
염라의 처소는
혼탁하고 악한 세계라
항상 근심과 고통의 소리가 있네

혹 어떤 국토에서는
항상 기쁜 소리가 있으니
뜻을 따라 가르침을 기뻐하는
청정한 업을 말미암은 것이네

或有國土中
恒聞帝釋音
或聞梵天音
一切世主音

或有諸刹土
雲中出妙聲
寶海摩尼樹
及樂音徧滿

諸佛圓光內
化聲無有盡
及菩薩妙音
周聞十方刹

혹 어떤 국토에서는
제석의 음성이 항상 들리고
혹 범천왕의 음성과
일체 천제들의 음성이 항상 들리네

혹 많은 국토가 있는데
구름 속에서 묘한 소리를 내고
보배바다와 마니나무도
즐거운 소리만 두루 가득하네

모든 부처님의 원광 속에는
교화하는 음성이 다함 없으며
보살들의 묘한 음성까지도
시방세계에 두루 들리네

不可思議國
普轉法輪聲
願海所出聲
修行妙音聲

三世一切佛
出生諸世界
名號皆具足
音聲無有盡

或有刹中聞
一切佛力音
地度及無量
如是法皆演

불가사의한 국토에
널리 법륜을 굴리는 소리와
서원바다에서 내는 소리와
닦아 행하는 묘한 음성이여

삼세의 일체 부처님께서
모든 세계에 출현하시니
명호에 다함 없는 소리 음성을
모두 갖추어 놓으셨네

혹 어떤 세계는
일체 부처님의 위신력 음성으로
지위와 바라밀 등 헤아릴 수 없는
이러-한 법을 널리 펴 다 들려주네

普賢誓願力
億刹演妙音
其音若雷震
住劫亦無盡

佛於淸淨國
示現自在音
十方法界中
一切無不聞

보현보살의 서원의 힘으로
억만 세계에서 널리 펴는 묘한 음성
그 음성 우레와 같은데
머무는 겁이 다함 없네

부처님께서 청정한 국토에서
나투어 보이는 자재한 음성
시방 법계 가운데
모두 들리지 않는 데가 없네

대원선사 결문

대원선사 결문(決文)

어떤 것이 보현 서원의 힘인고?

구제해서는 구제함 없음으로
밤낮없이 이러-히 행함에서
피로함을 모르는 그것일세

∽ 미주

* 거륵가(佉勒迦) : 원형의 반복이 찍히는 인상(印相).
* 광장안(廣長眼) : 부처님의 80종호 중 하나인 크고 긴 눈.
* 당기 : 원문의 '당(幢)'은 절의 문 앞에 꽂는 깃발의 일종이다. 불보
  살의 위신과 공덕을 표하는 장엄구로서 장대 끝에 용머리 모양을
  만들어 깃발을 달아 드리운다.
* 백호상(白毫相) : 부처님의 두 눈썹 사이에 있다는 흰 털로서, 오른
  쪽으로 말려 있고 여기에서 광명을 발한다고 함. 불상에는 진주·비
  취·금 따위를 박아 표시함. 백모상(白毛相)이라고도 한다.
* 법해(法海) : 바다와 같이 깊고 광대한 가르침을 바다에 비유한 이름
  이다.
* 성품의 몸〔體性〕: 원문에 '체성(體性)'이라고 되어 있는데, 물(物)의
  실질(實質)은 체가 되고 체의 고쳐짐이 없는 것이 성이니, 체는 곧
  성이다.
* 여래(如來) : 부처님의 열 가지 명호 중 하나.
* 위신력(威神力) : 부처님의 과위에 있는 존엄하고 측량할 수 없는 부
  사의한 힘.
* 제석천의 그물 : 원문에 천제망(天帝網)으로 되어 있다. 천제망은 인
  타라망이라고도 하는데, 이것은 제석이 살고 있는 궁전을 덮고 있
  다는 거대한 그물을 말한다. 이 그물에는 수없는 보배구슬이 달려

있는데 서로가 서로를 무궁무진 비춤이 끝이 없다.

* 풍륜(風輪) : 수미산 세계의 맨 밑에서 전 세계를 받치고 있는 네 종류 대륜(大輪)의 하나. 맨 밑이 허공륜, 그 위에 풍륜, 그 위에 수륜, 그 위에 금륜이 있음.

∽ 81권 화엄경 권과 품

1. 세주묘엄품(世主妙嚴品)	화엄경 1권 ~ 5권
2. 여래현상품(如來現相品)	화엄경 6권
3. 보현삼매품(普賢三昧品)	화엄경 7권
4. 세계성취품(世界成就品)	화엄경 7권
5. 화장세계품(華藏世界品)	화엄경 8권 ~ 10권
6. 비로자나품(毘盧遮那品)	화엄경 11권
7. 여래명호품(如來名號品)	화엄경 12권
8. 사성제품(四聖諦品)	화엄경 12권
9. 광명각품(光明覺品)	화엄경 13권
10. 보살문명품(菩薩問明品)	화엄경 13권
11. 정행품(淨行品)	화엄경 14권
12. 현수품(賢首品)	화엄경 14권 ~ 15권
13. 승수미산정품(升須彌山頂品)	화엄경 16권
14. 수미정상게찬품(須彌頂上偈讚品)	화엄경 16권
15. 십주품(十住品)	화엄경 16권
16. 범행품(梵行品)	화엄경 17권
17. 초발심공덕품(初發心功德品)	화엄경 17권
18. 명법품(明法品)	화엄경 18권
19. 승야마천궁품(昇夜摩天宮品)	화엄경 19권
20. 야마궁중게찬품(夜摩宮中偈讚品)	화엄경 19권

21. 십행품(十行品)   화엄경 19권 ~ 20권

22. 십무진장품(十無盡藏品)   화엄경 21권

23. 승도솔천궁품(昇兜率天宮品)   화엄경 22권

24. 도솔궁중게찬품(兜率宮中偈讚品)   화엄경 23권

25. 십회향품(十廻向品)   화엄경 23권 ~ 33권

26. 십지품(十地品)   화엄경 34권 ~ 39권

27. 십정품(十定品)   화엄경 40권 ~ 43권

28. 십통품(十通品)   화엄경 44권

29. 십인품(十忍品)   화엄경 44권

30. 아승기품(阿僧祇品)   화엄경 45권

31. 여래수량품(如來壽量品)   화엄경 45권

32. 제보살주처품(諸菩薩住處品)   화엄경 45권

33. 불부사의법품(佛不思議法品)   화엄경 46권 ~ 47권

34. 여래십신상해품(如來十身相海品)   화엄경 48권

35. 여래수호광명공덕품(如來隨好光明功德品)   화엄경 48권

36. 보현행품(普賢行品)   화엄경 49권

37. 여래출현품(如來出現品)   화엄경 50권 ~ 52권

38. 이세간품(離世間品)   화엄경 53권 ~ 59권

39. 입법계품(入法界品)   화엄경 60권 ~ 80권

40. 보현행원품(普賢行願品)   화엄경 81권

불조정맥

불조정맥(佛祖正脈)

🌸 인 도

교조 석가모니불 (教祖 釋迦牟尼佛)

1조 마하가섭 (摩訶迦葉)

2조 아난다 (阿難陀)

3조 상나화수 (商那和脩)

4조 우바국다 (優波鞠多)

5조 제다가 (堤多迦)

6조 미차가 (彌遮迦)

7조 바수밀 (婆須密)

8조 불타난제 (佛陀難堤)

9조 복타밀다 (伏馱密多)

10조 파율습박(협) (波栗濕縛, 脇)

11조 부나야사 (富那夜奢)

12조 아나보리(마명) (阿那菩堤, 馬鳴)

13조 가비마라 (迦毗摩羅)

14조 나가르주나(용수) (那閼羅樹那, 龍樹)

15조 가나제바 (迦那堤波)

16조 라후라타 (羅睺羅陀)

17조 승가난제 (僧伽難提)

18조 가야사다 (迦耶舍多)

19조 구마라다 (鳩摩羅多)

20조 사야다 (闍夜多)

21조 바수반두 (婆修盤頭)

22조 마노라 (摩拏羅)

23조 학륵나 (鶴勒那)

24조 사자보리 (師子菩堤)

25조 바사사다 (婆舍斯多)

26조 불여밀다 (不如密多)

27조 반야다라 (般若多羅)

28조 보리달마 (菩堤達磨)

🌸 중 국

29조 신광 혜가 (2 조 神光 慧可)

30조 감지 승찬 (3 조 鑑智 僧璨)

31조 대의 도신 (4 조 大醫 道信)

32조 대만 홍인 (5조 大滿 弘忍)

33조 대감 혜능 (6조 大鑑 慧能)

34조 남악 회양 (7조 南嶽 懷讓)

35조 마조 도일 (8조 馬祖 道一)

36조 백장 회해 (9조 百丈 懷海)

37조 황벽 희운 (10조 黃檗 希雲)

38조 임제 의현 (11조 臨濟 義玄)

39조 흥화 존장 (12조 興化 存奬)

40조 남원 혜옹 (13조 南院 慧顒)

41조 풍혈 연소 (14조 風穴 延沼)

42조 수산 성념 (15조 首山 省念)

43조 분양 선소 (16조 汾陽 善昭)

44조 자명 초원 (17조 慈明 楚圓)

45조 양기 방회 (18조 楊岐 方會)

46조 백운 수단 (19조 白雲 守端)

47조 오조 법연 (20조 五祖 法演)

48조 원오 극근 (21조 圓悟 克勤)

49조 호구 소륭 (22조 虎丘 紹隆)

50조 응암 담화 (23조 應庵 曇華)

51조 밀암 함걸 (24조 密庵 咸傑)

52조 파암 조선 (25조 破庵 祖先)

53조 무준 사범 (26조 無準 師範)

54조 설암 혜랑 (27조 雪岩 慧郞)

55조 급암 종신 (28조 及庵 宗信)

56조 석옥 청공 (29조 石屋 淸珙)

🏵 한 국

57조 태고 보우 (1조 太古 普愚)

58조 환암 혼수 (2조 幻庵 混脩)

59조 구곡 각운 (3조 龜谷 覺雲)

60조 벽계 정심 (4조 碧溪 淨心)

61조 벽송 지엄 (5조 碧松 智儼)

62조 부용 영관 (6조 芙蓉 靈觀)

63조 청허 휴정 (7조 淸虛 休靜)

64조 편양 언기 (8조 鞭羊 彦機)

65조 풍담 의심 (9조 楓潭 義諶)

66조 월담 설제 (10조 月潭 雪霽)

67조 환성 지안 (11조 喚醒 志安)

68조 호암 체정 (12조 虎巖 體淨)

69조 청봉 거안 (13조 靑峰 巨岸)

70조 율봉 청고 (14조 栗峰 靑杲)

71조 금허 법첨 (15조 錦虛 法沾)

72조 용암 혜언 (16조 龍巖 慧言)

73조 영월 봉율 (17조 詠月 奉律)

74조 만화 보선 (18조 萬化 普善)

75조 경허 성우 (19조 鏡虛 惺牛)

76조 만공 월면 (20조 滿空 月面)

77조 전강 영신 (21조 田岡 永信)

78대 대원 문재현 (22대 大圓 文載賢)

대원 문재현 선사님
인가 내력

대원 문재현 선사님 인가 내력

제 1 오도송

이 몸을 끄는 놈 이 무슨 물건인가?
골똘히 생각한 지 서너 해 되던 때에
쉬이하고 불어온 솔바람 한 소리에
홀연히 대장부의 큰 일을 마치었네

무엇이 하늘이고 무엇이 땅이런가
이 몸이 청정하여 이러-히 가없어라
안팎 중간 없는 데서 이러-히 응하니
취하고 버림이란 애당초 없다네

하루 온종일 시간이 다하도록
헤아리고 분별한 그 모든 생각들이

옛 부처 나기 전의 오묘한 소식임을
듣고서 의심 않고 믿을 이 누구인가!

此身運轉是何物
疑端汩沒三夏來
松頭吹風其一聲
忽然大事一時了

何謂靑天何謂地
當體淸淨無邊外
無內外中應如是
小分取捨全然無

一日於十有二時
悉皆思量之分別
古佛未生前消息
聞者卽信不疑誰

　대원 문재현 선사님의 스승이신 불조정맥 제77조 조계종(曹溪宗)
전강(田岡) 대선사님께서 1962년 대구 동화사의 조실로 계실 당시
대원 문재현 선사님께서도 동화사에 함께 머무르고 계셨다.
　하루는, 전강 대선사님께서 대원 선사님의 3연으로 되어 있는 제
1오도송을 들어 깨달은 바는 분명하나 대개 오도송은 짧게 짓는다

고 말씀하셨다. 이에 대원 선사님께서는 제1오도송을 읊은 뒤, 도솔암을 떠나 김제들을 지나다가 석양의 해와 달을 보고 문득 읊었던 제2오도송을 일러드렸다.

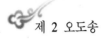 제 2 오도송

해는 서산 달은 동산 덩실하게 얹혀 있고
김제의 평야에는 가을빛이 가득하네
대천이란 이름자도 서지를 못하는데
석양의 마을길엔 사람들 오고 가네

日月兩嶺載同模
金提平野滿秋色
不立大千之名字
夕陽道路人去來

제2오도송을 들으신 전강 대선사님께서는 이에 그치지 않고 그와 같은 경지를 담은 게송을 이 자리에서 즉시 한 수 지어볼 수 있겠냐고 하셨다. 대원 선사님께서는 곧바로 다음과 같이 읊으셨다.

바위 위에는 솔바람이 있고

산 아래에는 황조가 날도다
대천도 흔적조차 없는데
달밤에 원숭이가 어지러이 우는구나

岩上在松風
山下飛黃鳥
大千無痕迹
月夜亂猿啼

전강 대선사님께서는 위 송의 앞의 두 구를 들으실 때만 해도 지그시 눈을 감고 계시다가 뒤의 두 구를 마저 채우자 문득 눈을 뜨고 기뻐하는 빛이 역력하셨다.

그러나 전강 대선사님께서는 여기에서도 그치지 않고 다시 한 번 물으셨다.

"대중들이 자네를 산으로 불러내고 그중에 법성(향곡 스님 법제자인 진제 스님. 동화사 선방에 있을 당시에 '법성'이라 불렀고, 나중에 '법원'으로 개명하였다.)이 달마불식(達磨不識) 도리를 일러보라 했을 때 '드러났다'라고 답했다는데, 만약에 자네가 당시의 양무제였다면 '모르오'라고 이르고 있는 달마 대사에게 어떻게 했겠는가?"

대원 선사님께서 답하셨다.

"제가 양무제였다면 '성인이라 함도 서지 못하나 이러-히 짐의 덕화와 함께 어우러짐이 더욱 좋지 않겠습니까?' 하며 달마 대사의 손을 잡아 일으켰을 것입니다."

전강 대선사님께서 탄복하며 말씀하셨다.

"어느새 그 경지에 이르렀는가?"

"이르렀다곤들 어찌 하며, 갖추었다곤들 어찌 하며, 본래라곤들 어찌 하리까? 오직 이러-할 뿐인데 말입니다."

대원 선사님께서 연이어 말씀하시자 전강 대선사님께서 이에 환희하시니 두 분이 어우러진 자리가 백아가 종자기를 만난 듯, 고수 명창 어울리듯 화기애애하셨다.

달마불식 공안에 대한 위의 문답은 내력이 있는 것이다. 전강 대선사님께서 대원 선사님을 부르기 며칠 전에, 저녁 입선 시간 중에 노장님 몇 분만이 자리에 앉아있을 뿐 자리가 텅텅 비어 있었다고 한다.

대원 선사님께서 이상히 여기고 있던 중, 밖에서 한 젊은 수좌가 대원 선사님을 불렀다. 그 수좌의 말이 스님들이 모두 윗산에 모여 기다리고 있으니 가자고 하기에 무슨 일인가 하고 따라가셨다.

그러자 그 자리에 있던 법성 스님이 보자마자 달마불식 법문을 들고 이르라고 하기에 지체없이 답하셨다.

"드러났다."

곁에 계시던 송암 스님께서 또 안수정등 법문을 들고 물으셨다.

"여기서 어떻게 살아나겠소?"

대뜸 큰소리로 이르셨다.

"안·수·정·등."

이에 좌우에 모인 스님들이 함구무언(緘口無言)인지라 대원 선사님께서는 먼저 그 자리를 떠나 내려와 버리셨다.

그 다음날 입승인 명허 스님께서 아침 공양이 끝난 자리에서 지난 밤 입선시간 중에 무단으로 자리를 비운 까닭을 묻는 대중 공사를 붙여 산 중에서 있었던 일들이 낱낱이 드러나고 말았다. 그리하여 입선시간 중에 자리를 비운 스님들은 가사 장삼을 수하고 조실인 전강 대선사님께 참회의 절을 했던 일이 있었다.

전강 대선사님께서는 이때에 대원 선사님께서 달마불식 도리에 대해 일렀던 경지를 점검하셨던 것이다.

이런 철저한 검증의 자리가 있었던 다음 날, 전강 대선사님께서 부르시기에 대원 선사님께서 가보니 주지인 월산(月山) 스님께서 모든 것이 약조된 데에서 입회해 계셨으며 전강 대선사님께서는 곧바로 다음과 같이 전법게(傳法偈)를 전해주셨다.

 전 법 게

부처와 조사도 일찍이 전한 것이 아니거늘
나 또한 어찌 받았다 하며 준다 할 것인가
이 법이 2천년대에 이르러서
널리 천하 사람을 제도하리라

佛祖未曾傳
我亦何受授
此法二千年
廣度天下人

덧붙여 이 일은 월산 스님이 증인이며 2000년까지 세 사람 모두 절대 다른 사람이 알게 하거나 눈에 띄게 하지 않아야 한다고 당부하셨다.

만약 그러지 않을 시에는 대원 선사님께서 법을 펴 나가는데 장애가 있을 것이라고 예언하셨다. 또한 각별히 신변을 조심하라 하시고 월산 스님에게 명령해 대원 선사님을 동화사의 포교당인 보현사에 내려가 교화에 힘쓰게 하셨다.

대원 선사님께서 보현사로 떠나는 날, 전강 대선사님께서는 미리 적어두셨던 부송(付頌)을 주셨으니 다음과 같다.

 부 송

어상을 내리지 않고 이러-히 대한다 함이여
뒷날 돌아이가 구멍 없는 피리를 불리니
이로부터 불법이 천하에 가득하리라

不下御床對如是
後日石兒吹無孔
自此佛法滿天下

위의 송의 '어상을 내리지 않고 이러-히 대한다 함이여'라는 첫째 줄 역시 내력이 있는 구절이다.

전에 대원 선사님께서 전강 대선사님을 군산 은적사에서 모시고 계실 당시 마당에서 홀연히 마주쳤을 때 다음과 같은 문답이 있었다.

전강 대선사님께서 물으셨다.

"공적(空寂)의 영지(靈知)를 이르게."

대원 선사님께서 대답하셨다.

"이러-히 스님과 대담(對談)합니다."

"영지의 공적을 이르게."

"스님과의 대담에 이러-합니다."

"어떤 것이 이러-히 대담하는 경지인가?"

"명왕(明王)은 어상(御床)을 내리지 않고 천하 일에 밝습니다."

위와 같은 문답 중에 대원 선사님께서 답하신 경지를 부송의 첫째 줄에 담으신 것이다.

전강 대선사님께서 대원 선사님을 인가(印可)하신 과정을 볼 때 한 번, 두 번, 세 번을 확인하여 철저히 점검하신 명안종사의 안목

에 탄복하지 않을 수 없으며 이에 끝까지 1초의 머뭇거림도 없이 명철하셨던 대원 선사님께 찬탄하지 않을 수 없다.

그리하여 법열로 어우러진 두 분의 자리가 재현된 듯 함께 환희 용약하지 않을 수 없다.

이제 전강 대선사님과 약속한 2천년대를 맞이하였으므로 여기에 전법게를 밝힌다.

이로써 경허, 만공, 전강 대선사님으로 내려온 근대 대선지식의 정법의 횃불이 이 시대에 이어져 전강 대선사님의 예언대로 불법이 천하에 가득할 것이다.

부록 3

21세기에
인류가 해야 할 일

21세기에 인류가 해야 할 일

　이 사람은 1962년 26세 때부터 21세기에 인류에게 닥칠 공해문제, 에너지문제를 예견하고 대체에너지(무한원동기, 태양력, 파력, 풍력 등) 개발과 '울 안의 농법'을 연구하고 그 필요성을 많은 이들에게 이야기해 왔습니다.

　당시에는 너무 시대를 앞서가는 이야기여서인지 일반인들이 수용하지 못하고 오히려 불신의 눈으로 바라보며 이 사람의 법마저 의심하였습니다. 하지만 현대에 있어서는 이것이 인류가 해결해야 할 가장 절박한 사안이 되어 있습니다.

　'사막화방지 국제연대'를 설립한 것도 현재 인류가 해결해야 할 가장 절박한 지구환경문제를 이슈화시키고 그 해결책을 제시하여 재앙에 직면한 지구촌을 살리기 위해서입니다.

　'사막화방지 국제연대'에서 추진하고 있는 사막화 방지, 지구 초원화, 대체에너지 개발은 온 인류가 발 벗고 나서서 해야 할 일입니다.

첫 번째 사막화 방지에 있어서 기존에 해왔던 '나무심기 사업'은 천문학적인 예산과 많은 인력을 동원하고도 극도로 황폐한 사막화된 환경을 되살리는 데 실패하였습니다.

그래서 이 사람은 사막화 방지에 있어서는 '사막 해수로 사업'을 새로운 방안으로 제시하였습니다.

사막 해수로 사업은 사막화된 지역에 수도관을 매설하여 바닷물을 끌어들여서 염분에 강한 식물을 중심으로 자연생태계를 복원하는 사업입니다.

이것은 나무심기 사업으로 심은 나무들이 절대적으로 물이 부족하여 생존할 수 없었던 문제를 해결할 수 있는, 현재로서는 유일한 해결책입니다.

그러나 '사막화방지 국제연대'의 목적은 사막이 확장되는 것을 방지하자는 것이지 사막 전체를 완전히 없애자는 것은 아닙니다. 인체에서 심장이 모든 피를 전신의 구석구석까지 골고루 보내어 살아서 활동하게 하듯이 사막은 오히려 지구의 심장 역할을 하는 중요한 곳이기 때문입니다.

그래서 21세기에 있어서는 다만 사막의 확장을 방지할 뿐 아니라 사막을 어떻게 운용하느냐를 연구해야 합니다.

사막에 바둑판처럼 사방이 막힌 플륨관 수로를 설치하여 동, 서, 남, 북 어느 방향의 수로를 얼마만큼 채우느냐 비우느냐에 따라, 사막으로부터 사방 어느 방향으로든 거리까지 조절하여, 원하는 지역에 비를 내리게 하고 그치게 할 수 있습니다. 철저히 과학적인

데이터에 의해 이렇게 사막을 운용함으로써 21세기의 지구를 풍요
로운 낙원시대로 만들어가야 합니다.

두 번째로 지구를 초원화할 수 있는 방안으로서 3년간의 실험을
통해, 광활한 황무지 지역을 큰 비용을 들이거나 많은 인력을 동원
하지 않고도 짧은 시간 내에 초지로 바꿀 수 있는 식물을 찾아냈
습니다.

그것은 바로 '돌나물'입니다. 돌나물은 따로 종자를 심을 필요가
없이 헬리콥터나 비행기로 살포해도 생존, 번식할 수 있으며, 추위
와 더위, 황폐한 땅에서도 살아남을 수 있는 생명력과 번식력이 강
한 식물입니다.

지구환경을 되살리는 초지조성 사업에 있어서 이것이 큰 도움이
되리라 생각합니다.

세 번째의 대체에너지 개발에 있어서는 태양력, 파력, 풍력 등
1962년도부터 이 사람이 연구하고 얘기해왔던 방법들이 이미 많이
개발되어 실용화한 단계에 있습니다.

이 세 가지 일은 한 개인이나 한 국가가 할 수 있는 일이 아닙니
다. 모든 국가가 앞장서서 전세계적인 사업으로 이루어져야 합니
다. 모든 국가가 함께 한 기금조성이 이루어져야 하고 기금조성에
참여한 국가는 이 시스템에 의한 전면적인 혜택을 입을 수 있도록
해야 합니다.

인류 모두가 지혜를 모아 이 일에 전력을 다한다면 인류는 유사
이래 가장 좋은 시절을 맞이하게 될 것이며, 만약 이 일을 남의 일

인 양 외면한다면 극한의 재앙을 면할 수 없을 것입니다.

이 사람이 오래 전부터 얘기해왔던 '울 안의 농법'은 이미 미국 라스베이거스(Las Vegas)에서 30층짜리 '고층 빌딩 농장'으로 구현되었습니다. 그렇게 크게도 운영될 수 있지만 각자 자신의 집에서 이루어지는 '울 안의 농법'도 필요합니다.

21세기에 있어서 또 하나 인류가 만일의 사태를 대비해서 연구, 추진해야 될 일이 있다면 바닷속에서의 수중생활, 수중경작입니다.

지구가 심하게 온난화될 경우, 공기가 너무 많이 오염될 경우, 바닷물이 높아져 살 땅이 좁아질 경우 등에 대비할 때, 인류는 우주에서의 삶보다는 바닷속에서의 삶을 준비해야 합니다. 왜냐하면 그것이 훨씬 수월하고 비용도 절감할 수 있기 때문입니다.

이렇게 깨달은 이는 이변적으로는 깨달음을 얻게 하여 영생불멸의 삶을 영위할 수 있도록 만인을 이끌어야 하며 사변적으로는 일반인이 예측할 수 없는 백 년, 천 년 앞을 내다보아 이를 미리 앞서 대비하도록 만인의 삶을 이끌어줘야 한다고 생각합니다.

불법의 뜻은 다만 진리 전수에만 있는 것이 아니니, 만인이 서로 함께 영원한 극락을 누릴 때까지 물심양면으로, 이사일여로 베풀어 교화해야 하기 때문입니다.

가슴으로 부르는
불심의 노래

여기에 실린 것들은 모두 대원 문재현 선사님께서 직접 작사하신 곡들이다.

　수행의 길로 들어서게끔 신심, 발심을 북돋아주는 곡으로부터 수행의 길로 접어든 이의 구도의 몸부림이 담겨있는 곡, 대승의 원력을 발해서 교화하는 보살의 자비심과 함께 낙원 세계를 누리는 풍류를 그려놓은 곡까지 가사 한마디, 한마디가 생생하여 그 뜻이 뼛속 깊이 새겨지고 그 멋에 흠뻑 취하게 된다.

　대원 문재현 선사님께서는 거칠고 말초적인 요즘의 노래를 듣고 이러한 정서를 순화시키고자, 또한 수행의 마음을 진작시키고자 하는 뜻에서 이 곡들을 작사하셨다.

🪷 가슴으로 부르는 불심의 노래 목록

* 1집

1. 서원가 172
2. 반조염불가 173
3. 소중한 삶 174
4. 석가모니불 175
5. 맹서의 노래 176
6. 염원의 노래 177
7. 음성공양 178
8. 발심가 179
9. 자비의 품 180
10. 부처님 은혜1 181
11. 보살의 마음 182
12. 이 생에 해야 할 일 183
13. 구도의 목표 184
14. 님은 아시리 185
15. 부처님 은혜2 186
16. 성중성인 오셨네 187
17. 내 문제는 내가 풀자 188
18. 즐거운 밤 189
19. 관음가 190

* 2집

1. 부처님 191
2. 열반재일 192
3. 성도재일 193
4. 석굴암의 노래 194
5. 님의 모습 195
6. 믿고 따르세 197
7. 신명을 다하리 198
8. 부처님께 바치는 마음 199
9. 감사합니다 200
10. 교화가 201
11. 섬진강 소초 203
12. 권수가1 204
13. 권수가2 206
14. 우란분재일 208
15. 고맙습니다 209
16. 믿음으로 여는 세상 210
17. 출가재일 211
18. 염원 212
19. 우리네 삶, 고운 수로 213
20. 숲속의 마음 214

🪷 기타 노래 목록

사색 215
천부경을 아시나요 216
보살가 217

서 원 가

작사 문재현
작곡 배신영
노래 홍노경

느리게

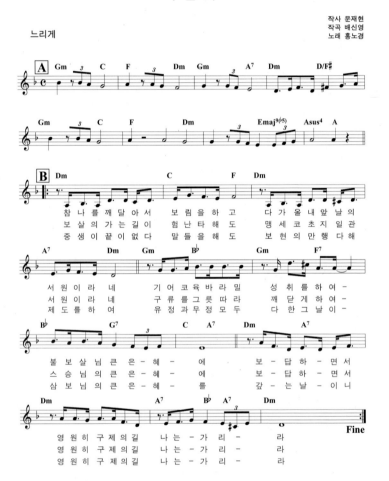

참 나 를 깨 달 아 서 보 림 을 하 고 다 가 올 내 앞 날 의
보 살 의 가 는 길 이 험 난 타 해 도 맹 세 코 초 지 일 관
중 생 이 끝 이 없 다 말 들 을 해 도 보 현 의 만 행 다 해

서 원 이 라 네 기 어 코 육 바 라 밀 성 취 를 하 여 -
서 원 이 라 네 구 류 를 그 릇 따 라 깨 닫 게 하 여 -
제 도 를 하 여 유 정 과 무 정 모 두 다 한 그 날 이 -

불 보 살 님 큰 은 - 혜 - 에 보 - 답 하 - 면 서
스 승 님 의 큰 은 - 혜 - 에 보 - 답 하 - 면 서
삼 보 님 의 큰 은 - 혜 - 를 갚 - 는 날 - 이 니

영 원 히 구 제 의 길 나 는 - 가 리 - 라
영 원 히 구 제 의 길 나 는 - 가 리 - 라
영 원 히 구 제 의 길 나 는 - 가 리 - 라

Fine

반조 염불가

작사 문재현
작곡 배신영
노래 홍노경

느리게

님께―서 베 푸신 자비의은 혜 오 늘
본 래―에 드 러 난 나인걸 물 라 낙 원

도 감사한맘―어―찌―잊 으 리
을 고 해 로서―사―는― 삶 이 니

가르침따름만―이 살길이란다짐으로 간
가르침따름만―이 살길이란다짐으로 반

절 히 시 시 때 때 회광반조 아 미 타 불― 백―
조 의 아 미 타 불 나 도 잊 은 삼 매 의 앎― 깨―

팔 염 주 일 상 화 로 기 어 이― 크 게 깨 쳐 크 나
닫 기 에 좋 은 때 니 기 어 이― 원 을 이 뤄 금 생

큰 ― 님 ― 의은 혜 갚 으 리 라 아 미 타 ― 불 ―
에 ― 구 제 중 생 불 은 갚 길 아 미 타 ― 불 ―

Fine

소중한 삶

작사 문재현
작곡 배신영
노래 홍노경

(모데라토) ♩ = 100

가사:

B
한 나날들을 아끼면서 사랑으로 베풀
은 영원하고 행복한 삶 회복하려 노력

며 사노라면 삶이란 고해만은- 아니리 라
하는 길이니 우리의 삶 앞날은- 밝으리 라

고운 시선- 고운 말로- 어 울- 려-
좋은 마음- 좋은 말로- 감 싸- 주고-

격려하며- 힘든 삶- 극- 복하면
삶- 속에- 불법을- 실- 천하면

좋은 업- 좋은 날- 약속이 아니던 가
영원하고 행복한 삶- 약속이 아니던 가

소중
불법

Fine

석가모니불

작사 문재현
작곡 배신영
노래 홍노경

국악가요

맹서의 노래

작사 문재현
작곡 배신영
노래 홍노경

느리게

염원의 노래

작사 문재현
작곡 배신영
노래 홍노경

느리게

음성공양

작사 문재현
작곡 배신영
노래 홍노경

느리게

발 심 가

작사 문재현
작곡 배신영
노래 홍노경

보사노바

우 - 리 네 한 세 상 - 　보 람 찬 삶 - 으 로 -
참 - 나 를 깨 달 아 - 　보 림 을 하 - 고 요 -
본 - 연 - 한 몸 의 - 　능 력 을 베 - 풀 어 -
눈 - 깜 박 하 는 새 - 　한 세 상 다 - 가 고 -

바 꾸 기 위 - 하 여 - 　닦 아 들 봅 - 시 다 -
자 비 심 발 - 하 여 - 　구 제 길 나 - 서 서 -
극 - 락 세 - 계 - 　장 엄 을 하 - 구 요 -
부 귀 와 공 - 명 은 - 　잠 시 의 꿈 - 이 라 -

청 춘 - 홍 안 이 - 　얼 마 나 길 - 던 가 -
중 생 들 세 계 에 - 　고 통 을 없 - 애 어 -
동 실 - 두 둥 실 - 　누 리 기 위 - 하 여 -
이 러 한 되 풀 이 - 　금 생 에 끝 - 내 어 -

꿈 꾸 는 사 - 이 에 - 　백 발 이 된 - 다 네 -
극 락 이 되 - 도 록 - 　최 선 을 다 - 하 세 -
오 늘 의 어 - 려 움 - 　극 복 을 해 - 내 세 -
윤 회 의 사 슬 에 서 - 　벗 어 나 납 - 시 다 -

1-2절 D.C
3-4절

자비의 품

작사 문재현
작곡 배신영
노래 홍노경

느리게

자 대비보 살 의 사 랑 알지 못 하고-
자 대비보 살 의 사 랑 자비의 품을-

외 면한 저중생 들을- 그래도 가- 없어-
떠 나간 저중생 들을- 저리도 애- 타게-

잊-지못 하 는 그 진한- 마 음 모른
부르고부르 는 절 절한- 마 음 새기

체 하고- 업따라 갈 수가 있- 나 아- 아 하늘땅
고 새기면- 업따라 갈 수가 있- 나- 아- 아 하늘땅

사 이- 다시 또없는 자비의 품에- 어서돌아 와
사 이- 다시 또없는 자비의 품에- 어서돌아 와

감로수 에 소-원 이루- 라-
감로수 에 소-원 이루- 라-

Fine

부처님 은혜 1

작사 문재현
작곡 배신영
노래 홍노경

느리게

노을이 짙고 새둥지 찾을 땐 부처님의 절절한 말씀 생각이 나고

눈에 이슬 맺힌채 참회기도 명상으로써 억겁업을

재우노라면 구름그늘 서늘한바람 불어옴을 맞음이랄까

상쾌하고 확트인 가슴 희망의 미소

입가에 번지고 콧노래가 절로 흘러나온다 고맙

습니다 참 고맙습니다 더없이큰 부처님은혜

구류중생을 구제함으로써 갚는것이서원 입니다 서원

향해 뛸 것입니다 서원향해다할것입니다

Fine

보살의 마음

작사 문재현
작곡 배신영
노래 홍노경

느리게

파 - 도 에　　실려 떠가 는　낙엽같이 살아가는 인 생 -
구 원코자 - 따라주 며　같 이 하 는 자 - 비 인데 -

제 안경 에　보 인대 로　말 들 - 하 - 지 만 -
눈이 멀 고　귀 가먹 은　저 들 - 이 - 지 만 -

못들은 척 - 모르는 척　최 - 선 - 다하 - 리
황소 처 럼 - 지장처 럼　최 - 선 - 다하 - 리

바 - 른 눈　바 - 른맘 통 쾌 - 히 열어라 -
지 - 혜 눈　지 - 혜맘 통 쾌 - 히 열어라 -

아 - 아　아 - 아　그 - 날 - 이
아 - 아　아 - 아　그 - 날 - 이

그 - 날 이　오기만을 기다 리는 마 - 음 -
그 - 날 이　오기만을 기다 리는 마 - 음 -

이 생에 해야 할일

작사 문재현
작곡 배신영
노래 홍노경

Trot Disco ♩ = 140

세상 사람 날 찾는 일 등한하지 - 만 생각 들
번갯불이 스쳐 가듯 가는 한 세 - 상 맘 닦아

해 보 구려 그러 할일 이던 가 번갯불 - 스쳐 가듯 -
긴 미래 를 내 마음 내 뜻 대 로 대천 세계 여 저 기 서 -

아 - 아 무 상 한 한 세 - 상
아 - 아 풍 류 를 누 리 - 며

- 맘 닦 - 아 내 낙 원 을 -
끝 없 - 는 구 제 의 길 -

내 이뤄 누리는 일 아 - 아 우 리 모 -
자 비 로 실천할 일 아 - 아 우 리 모 -

두 해 야 할 일 이 일 뿐 일 세 해야 할 일 이일 뿐 일
두 해 야 할 일 이 일 뿐 일 세 해야 할 일 이일 뿐 일

세 -
세 -

DS. all play

구도의 목표

작사 문재현
작곡 배신영
노래 홍노경

느리게

눈 뜨면 관음 우러러 보문을 따르며 - 하

루 하 루 를 최 선 - 다 하 는 일 에

언 제 나 떳떳한 불 자 로 서원코 큰 은 혜 갚 는 보 살 - 행 -

대자대 비 를 - 베 - 풀 어 어 느 때 어 느 곳 그 무 엇 - 가 리 지 않 는

이 - 로 - 제 - 일 의 - 사 표 가 될 것 을 목 표 로 삼 을

걸 니 다 아 아 사 바 의 세 계 가

다 하 는 - 그 날 까 지

님은 아시리

작사 문재현
작곡 배신영
노래 홍노경

사계 절의 - 풍광 인들 - 위로 - 되 - 겠 - 니
같이 - 되지않아 - 기도 - 에 - 젖 - 은

- 서사 시의 - 음률 인들 - 쉬 - 어지 - 겠 - 니 - 뜻과
이

마음 님은 - 아 - 시 - 리 - 한 세 상 열
청 춘 의 모

정 쏟 - 아 닦는 수 행 길 - 불 보 살 님 출 현 하 셔 베
든 욕 - 망 사 뤄 버리고 - 회 광 반 조 촌 각 아 낀 열

푼 자 - 비 - 에 - 모 든 망 상 - 모 - 든 번 -
정 쏟 - 아 - 서 - 이 룬 선 정 - 그 효 력 -

뇌 없었 으 면 좋 으련 만 마 음 대 로 - 안 되 는게 - 수 행 이 더
이 있었 으 면 좋 으련 만 마 음 대 로 - 안 되 는게 - 보 림 이 더

라 수행이 더라 - 마 음 대 로 - 안 되 는게 - 수 행 이 더 라 - 수행이 더라 -
라 보림이 더라 -

부처님 은혜 2

작사 문재현
작곡 배신영
노래 홍노경

느리게

낙엽이지고국향-이 질을 땐- 부처님의고고한- 말씀 법계화되 고

대승보살 나투어-그릇 따라- 베 푼 법문에 만난 사-람-

모두가 깨쳐 두타보림-수행을하여 있는그곳-극락 이어서-

걸음걸음 상쾌한 가 슴- 입가에 미-소

언제나 번- 지-는 대자유삶누 릴지어- 다- 고맙

습니다- 참- 고맙습니 다 촌각인들 부처 님은 혜

그어찌 한들- 잊을날있으 리 붙은갚는그날- 까지 는 서원

향해-뛸-것-입니다- 서 원향해다할것입니- 다-

Fine

186 화엄경 10권

성중성인 오셨네

(초파일노래)

작사 문재현
작곡 배신영
노래 홍노경

내 문제는 내가 풀자

작사 문재현
작곡 배신영
노래 홍노경

즐거운 밤

작사 문재현
작곡 배신영
노래 홍노경

관음가

작사 문재현
작곡 배신영
노래 홍노경

꽃을 보아도 먼 산을 보아도 그리움그리움이 - 더 - 해 -

진 - 관 - 세 - 음 관 - 세 - 음 은 -

포 - 근 한 아 - 아 - 품 이 - 랍 니 - 다 -

기 쁠 때 에 도 어 - 려 울 때 에 도 자 애

로 다 가 오 셔 - 서 힘 - 이 되 -

신 관 - 세 음 관 세 음 은 - 포 근 한 품 - 이 랍 니

- 다 - Fine

부 처 님

작사 문재현
작곡 배신영
노래 채연희

이 슬방울 의 아 침햇빛보다 -
영 롱한 님이 시 고 - 금 구슬에 - 반 짝이 는 -
빛 보 다 아 름 다운님이시 며 -
보 석의 찬란한 빛 보 다 눈 부 신 님이시기 에 생 각
만 하여도 설레 이 고 이 름 만 들어도 행 복 한 님
영 원한 우 리들의 님 이 십 - 니 - 다

열반재일

작사 문재현
작곡 배신영
노래 채연희

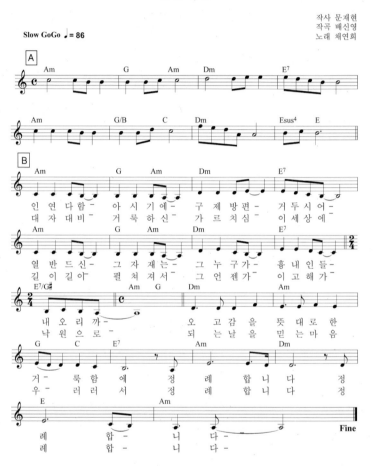

인연다함 - 아시기에 - 구제방편 - 거두시어 -
대자대비 - 거룩하신 - 가르치심 - 이세상에 -

열반드신 - 그자재는 - 그누구가 - 흉내인들 -
길이길아 펼쳐져서 - 그언젠가 - 이고해가 -

내오리까 - 오고감을 뜻대로한
낙원으로 - 되는날을 믿는마음

거 - 룩함에 정 례 합 니 다 정
우 - 러러서 정 례 합 니 다 정

례 합 - 니 다 -
례 합 - 니 다 -

Fine

성도재일

작사 문재현
작곡 배신영
노래 채연희

찬양합니다 찬양합니다 도이루심찬양합니 다
맹세합니다 맹세합니다 부처님의 뒤를이어 서

이세상에 그어떤- 일인들이보다 기쁘고거룩한일
생사고통 영원히- 면하게이끄신 봉화의바른불빛

있-으-리 그옛날의 오늘이룬
지혜-로 어둔그늘 모두밝혀

부처님의 광명지혜 없었다- 면
부처님의 세상으로 바꿔놓- 는

중생들-이 생사고통 면할길을
그일에-서 제일가는 모습보여

감히어찌 알았으리 감사합니 다
부처님의 은혜갚음 지켜보소 서

감 사 합 니 다
지 켜 보 소 서

석굴암의 노래

작사 문재현
작곡 배신영
노래 채연희

그윽히 내려 트인　　　높고높은산기 슭에
태초의 이마 음이　　　무명으로경계 이뤄

명월보다밝은 모습　　　근엄도하 서 라 뵈옵
꿈의세상이어 져서　　　이런삶됐지 만 거룩

는 그 순간 티끌번 뇌 사 라 지 니 한없
한 가르침 깊이새 긴 실천으 로 일상

이 고요하 여 지-순한 마음일 세 이마음
의 시시때 때 생활화 가 되는그 날 이세상

속세에 있을때 도 지속되 면 거치른 이세상도 태평세
이대로가 정-토 의 세상되 어 노래와 춤으로써 길이길

계 될것일 세
이 즐길걸 세

갈 주

D.C.

Fine

님의 모습

작사 문재현
작곡 배신영
노래 채연희

합장 속의 봉 - 화처럼
대자비의 육 - 신통을
님의모습 그 - 위력에

나타나신 모 - 습
갖춰나룬 모음
보림이룬 마 -

사색 속의 태 - 양처럼
우리들의 온 - 갖소원
님의모습 나 - 룬찰나

나타나신 - 모 - 습
이뤄주신 - 모 - 습
둘이아닌 - 마 - 음

아 - 아 - 미소 속 - 의
아 - 아 - 백천삼 - 매
아 - 아 - 님의모 - 습

무 지 개 를   타 - 고   나 - 툰 - 모 -
나 에 게 서   깨 - 워   주 - 신 - 모 -
그 대 로 가   유 - 마   묵 - 연 - 마 -

습
습
음

Fine

믿고 따르세

작사 문재현
작곡 배신영
노래 채연희

Dsico (double beat) ♩= 136

고 - 해일 - 러   낙원이라 한   불보 - 살님그 - 말씀 의
참 - 나께 - 친   밝은지혜 로   선행 - 닦아사 - 상없 는

진 실한경지   알려 - 거든   보고들 는   그곳향 해
일 상의생활   이루 - 는날   고해일 러   낙원이 란

명 - 상하 - 게   명상 - 으로분 - 별
말 - 씀의 - 뜻   내 - 뜻 - 되 - 어

망 상없 - 어지 고   고요로 움   극해지 면
큰웃 음을 - 껄껄짓 고   대장부로   삼계구 할

불 멸의 나 께 - 치 네
서 원세 위 행 - 하 리

Fine

신명을 다하리

작사 문재현
작곡 배신영
노래 채연희

부처님께 바치는 마음

작사 문재현
작곡 배신영
노래 채연희

감사합니다

작사 문재현
작곡 배신영
노래 채연희

감사합니다 환영합니다 이 땅 위에 오신 것을 -
나를 깨우려 대자대비로 이 땅 위에 오셨기에 -

축하합니다 경축합니다 성 중 성인 오신 것을 -
우리 모두가 감사함으로 우러러서 받듭니다 -

손에 손을 - 서로 잡고 - 모두 함께 즐거워서 -
손에 손을 - 서로 잡고 - 노래하고 춤을 추며 -

발걸음도 - 가벼웁게 - 춤을 춥 - 니다 -
나날마다 - 오늘 같길 - 기도합 - 니다 -

춤을 춥 - 니다 -
기도합 - 니다 -

교 화 가

작곡 배신영
노래 채연희

구 제 를 할 때 –
교 화 를 할 때 –
노 래 를 하 며 –

갖 은 방 편 어 려 움 도
제 안 경 에 갖 은 시 비
춤 을 추 는 이 환 희 를

웃 어 넘 는 스 – 승 님 –
웃 어 넘 는 스 – 승 님 –
함 께 하 잔 스 – 승 님 –

1.2 = 1절 3 = 2절

섬진강 소초

작사 문재현
작곡 배신영
노래 채연희

광양-포구 팔십-리의 거룻배에몸을싣 고
하동-포구 팔십-리에 거룻배를띄워놓 고

석양노을 고운빛에 물새도맘읽누 나
노을들어 법문하니 어우러진웃음이 네

광양하동 어우름의 한결같은섬진강 은
이위력이 세상그늘 모두거둬열린세 상

머언머언 그날에도 오늘처럼-흐르리 라
평등낙원 누림으로 노래하며-살게되 리

우리도저런맘 길이지녀 누리며사 세
그날을위한삶 모두함께 노력해사 세

Fine

권 수 가 1

작사 문재현
작곡 배신영
노래 채연희

아 니아니 - 닦지 는 못하리라 - 일 분과 일 각 - 도 -
아 니아니 - 닦지 는 못하리라 - 한송이 떨어진 꽃을낙 화 진 다 고

허 - 송하지말게 눈 - 감 아 - 뜨 는사이백 - 발 - 과 주 름일세 -
서 러워마라한번 피 - 었 다 - 꽃 이지듯우리저렁듯 지 고마 는 -

어 서수행을하여영원한 참 나를알고사 - 세 -
슬 픈나날이흘러흘러 - 러 흘러 만가니어이하 리 -

이 것 이것 이것 이뭐 꼬 뭐꼬 라고한 - 이것 이뭐
차 착각 - 저초침소리 검 은옷으로 - 다 가오

꼬 - 보 일듯이아니 보 이 고
는 - 저 승의사자소 - 리

이룰듯 하다가 놓쳤으니 - 하루하루가 태산만같게
어찌아 니 슬플쏜가 - 숙 - 명적인 인과라해도

커져만 - 가는게 의심일세 - 얼 씨구나 좋 다 -
극복해 - 넘기에 어려움 네 - 얼 씨구나 좋 다 -

지 화자 좋 네 - 아니닦지는 -코러스-
지 화자 좋 네 - 아니닦지는

못 - 하 리 - 라 -
못 - 하 리 - 라 -

Fine

권 수 가 2

작사 문재현
작곡 배신영
노래 채연희

두타의수행을 인내로써 하루하루를 수행해왔던
역-대조-사 무공적의 명-월삼경 이좋은밤을

결실로-얻어진 과위라네 얼씨구나 좋 다
두둥실-두둥실 즐겨보세 얼씨구나 좋 다

지 화 자 좋 네 아니닦지는 _코러스_
지 화 자 좋 네 아니닦지는

못 - 하 리 - 라 Fine
못 - 하 리 - 라

우란분재일

작사 문재현
작곡 배신영
노래 채연희

Trot in4 (double beat) ♩= 134

우 란 분 재 맞-이 해 서 대자대비-부처-님 을
정 성 어 린 마-음 으 로 이고득락-비옵-나 니

이 자-리 에 청 해 모 서 다생부모 왕생극 락
세 상-애 착 모두끊 고 부처님의 그세상 에

정성다한 맘 입 니 다 지혜짧아 못-미-처 서
나시기만 원 합 니 다 다생겁에 경-험-하 신

중한은혜 입-고서 도 보은보 답 못하고 서
부질없는 몸-종노 롯 그 허망 을 떨침만 이

이생까지 이-른것 을 머 리-숙 여 부처님 께
윤회고를 벗-어나 는 길 이-오 니 그 리 되 길

참 회 합 니- 다 참 회-합 니- 다
비 옵 나 이- 다 비 옵-나 이- 다

Fine

고맙습니다

작사 문재현
작곡 배신영
노래 채연희

믿음으로 여는 세상

작사 문재현
작곡 배신영
노래 채연희

우리들모두가　부처님의지해　활짝열린가슴으로　써
우리들모두가　참선을할때는－　모두비워명경지수　로

다 같 이 도와서－　살아들간－다면　훈풍같은앞날이리　라
참 나 를 관조해－　실경에사－무쳐　깨달아서활짝웃는　날

아 － 즐 － 겁게　즐겁게마－음을　다스려참모습을　이루노라　면
아 － 즐 － 겁게　즐겁게법－담을　함으로꽃피울걸　맹세를하　고

정 － 토 의 세상 이　우 리 를 맞 － 으 리　우리모두기도합시
정 － 진 에 정진 을　정 진 에 정 － 진 을　우리모두실천합시

다　　다 같 이 기 도 합 시 － 다
다　　다 같 이 실 천 합 시 － 다

Fine

출가재일

작사 문재현
작곡 배신영
노래 채연희

염 원

작사 문재현
작곡 배신영
노래 채연희

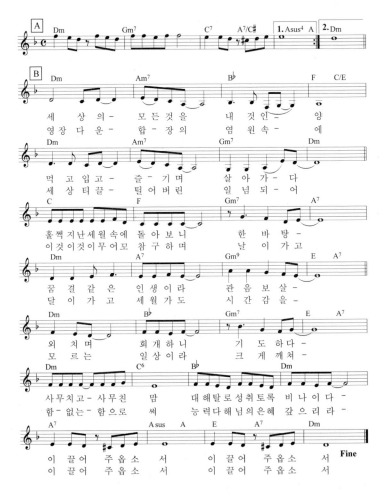

우리네 삶, 고운 수로

작사 문재현
작곡 배신영
노래 채연희

숲속의 마음

작사 문재현
작곡 배신영
노래 채언희

푸른숲-속의　고색짙은절찾아
깊고그-윽한　산사찾아온마음
사람다-움을　생각하며걷는길

라-　라-　친구들과　굽이굽이
라-　라-　친구들과　사색하는
라-　라-　친구들과　주고받는

걷는길　가　계곡물도　반-기는
가부좌에　관음보살　미-소를
오늘의　말　길가별도　조용한

소리좋고도　좋-아　콧-노래　응-
짓고좋고도　좋-아　나-는야　응-
미소좋고도　좋-아　맘-노래　응-

새들도합창을하　네
마음꽃활짝피었　네
숲길도어깨춤추　네

Fine

사 색

작사 대원 문재현
작곡 배신영

조용 — 히 눈 — 감 고 — 서　참 — 나 를 살 펴 — 봐　요
조용 — 한 사 — 색 으 로　깨 — 달 아 살 펴 — 보　면

갖 은 생 각　모 든 행 이　이 로 좋 아 있 건 만 — 은
온 갖 지 혜　모 든 덕 이　이 로 좋 아 있 — 음 — 에

색 깔 도 모 양 도 없 어　알 — 고 파 서　사 색 일 세 모 든 걸 내 려 놓 고 —
그 능 력 베 풀 고 펼 처　누 — 리 려 고　수 행 일 세 모 두 를 다 비 우 고 —

쉬 는 시 간 사 색 으 로　한 걸 음 또 한 걸 음 다 가 서 는 노 력 다 해　기 어 이 성 취 하 여
님 의 자 취 따 름 으 로　한 걸 음 또 한 걸 음 극 락 세 계 다 가 가 서　기 어 이 성 취 하 여

낙 원 의 — 삶 — 누 리 려　네
너 나 없 — 이 — 누 려 보　세

천부경을 아시나요

작사 대원 문재현
작곡 배신영

우리조상 깊 ― 은진리 천부경을아시나 요
바른진리 깨 ― 달아서 이세상을바로봐 요

여든 ― ― 한 ― 자속에누 리의 ― 온이 ― 치 ― 를
마음 ― ― 의 능 ― 력으로펼 쳐놓은장엄 ― 이 ― 라

남김없이 ― 담으셨 ― 네 ― 필부의사내 ― 라 도
화려하고 ― 아름답 ― 네 ― 이땅인이대 ― 로 가

마음을 ― 갈고닦 ― 아 영원 한참 ― 나깨 ― 쳐
낙원의 ― 세계이 ― 니 노래 와춤 ― 으로 ― 써

환인 ― 큰은혜에 보 답 ― 해사 ― 세
어깨 ― 동무하고 영 원 ― 히사 ― 세

보 살 가

작사 대원 문재현
작곡 김동환

너무느리지않게 ♩ = 80

세상사에어 울린 구 제의길

어려움도웃어넘긴 이 마음을 흰 구름너도알리 라

성불의보리과를 이루기위해 두타의수행으로 써

이세계저세계서 닦았던보현행을 영원히펼치 ― 리

도서출판 문젠(Moonzen)의 책들

1~5. 바로보인 전등록 (전30권을 5권으로)

7불과 역대 조사의 말씀이 1,700공안으로 집대성되어 있는 선종 최고의 고전으로, 깨달음의 정수가 살아 숨쉬도록 새롭게 번역되었다.

464, 464, 472, 448, 432쪽.

각권 18,000원

6. 바로보인 무문관

황룡 무문 혜개 선사가 저술한 공안집으로 전등록, 선문염송, 벽암록 등과 함께 손꼽히는 선문의 명저이다.

본칙 48개와 무문 선사의 평창과 송, 여기에 역저자인 대원 문재현 선사의 도움말과 시송으로 생명과 같은 선문의 진수를 맛보여 주고 있다.

272쪽. 12,000원

7. 바로보인 벽암록

설두 선사의 설두송고를 원오 극근 선사가 수행자에게 제창한 것이 벽암록이다.

이 책은 본칙과 설두 선사의 송, 대원 문재현 선사의 도움말과 시송으로 이루어져, 벽암록을 오늘에 맞게 바로 보이고 있다.

456쪽. 15,000원

8. 바로보인 천부경

우리 민족 최고(最古)의 경전 천부경을 깨달음의 책으로 새롭게 바로 보였다. 이 책에는 81권의 화엄경을 81자에 함축한 듯한 천부경과, 교화경, 치화경의 내용이 함께 담겨 있으며, 역저자인 대원 문재현 선사가 도움말, 토끼뿔, 거북털 등으로 손쉽게 닦아 증득하는 문을 열어놓고 있다.

432쪽. 15,000원

9. 바로보인 금강경

대원 문재현 선사의 『바로보인 금강경』은 국내 최초로 독창적인 과목을 내어 부처님과 수보리 존자의 대화 이면의 숨은 뜻을 드러내고, 자문과 시송으로 본문의 핵심을 꿰뚫어 밝혀, 금강경 전체를 손바닥 안의 겨자씨를 보듯 설파하고 있다.

488쪽. 15,000원

10. 세월을 북채로 세상을 북삼아

대원 문재현 선사의 선시가 담긴 선시화집 『세월을 북채로 세상을 북삼아』는 선과 시와 그림이 정상에서 만나 어우러진 한바탕이다. 선의 세계를 누리는 불가사의한 일상의 노래, 법열의 환희로 취한 어깨춤과 같은 선시가 생생하고 눈부시게 내면의 소리로 흐른다.

180쪽. 15,000원

11. 영원한현실

애매모호한 구석이 없이 밝고 명쾌하여, 너무도 분명함에 오히려 그 깊이를 헤아리기 어려운, 대원 문재현 선사의 주옥같은 법문을 모아 놓은 법문집이다.

400쪽. 15,000원

12. 바로보인 신심명

신심명은 양끝을 들어 양끝을 쓸어버리는, 40대치법으로 이루어진, 3조 승찬 대사의 게송이다. 이를 대원 문재현 선사가 바로 번역하는 것은 물론, 주해, 게송, 법문을 더해 통쾌하게 회통하고 자유자재 농한 것이 이 『바로보인 신심명』이다.

296쪽. 10,000원

13~17. 바로보인 환단고기 (전5권)

『바로보인 환단고기』 1권은 민족정신의 정수인 환단고기의 진리를 총정리하여 출간하였다. 2권에는 역사총론과 태초에서 배달국까지 역사가 실려 있으며, 3권은 단군조선, 4권은 북부여에서부터 고려까지의 역사가 실려 있다. 5권에는 역사를 증명하는 부록과 함께 환단고기 원문을 실었다.

344 · 368 · 264 · 352 · 344쪽. 각권 12,000원

18~47. 바로보인 선문염송 (전30권)

선문염송은 세계최대의 공안집이다. 전 공안을 망라하다시피 했기에 불조의 법 쓰는 바를 손바닥 들여다보듯 하지 않고는 제대로 번역할 수 없다. 대원 문재현 선사는 전 공안을 바로 참구할 수 있게끔 번역하고 각 칙마다 일러보였다.

352 368 344 352 360 360 400 440 376 392
384 428 410 380 368 434 400 404 406 440
424 460 472 456 504 528 488 488 480 512쪽
각권 15,000원

48. 앞뜰에 국화꽃 곱고 북산에 첫눈 희다

대원 문재현 선사의 선문답집으로 전강·경봉·숭산·묵산 선사와의 명쾌한 문답을 실었으며, 중앙일보의 <한국불교의 큰스님 선문답> 열 분의 기사와 기자의 질문에 대한 대원 문재현 선사의 별답을 함께 실었다.

200쪽. 5,000원

49. 바로보인 증도가

선종사에 사라지지 않을 발자취로 남은 영가 선사의 증도가를 대원 문재현 선사가 번역하고 법문과 송을 더하였다.
자비의 방편인 증도가의 말씀을 하나하나 쳐가는 선사의 일갈이야말로 영가 선사의 본의중과 일치하여 부합하는 것이라 아니할 수 없다.

376쪽. 10,000원

50. 바로보인 반야심경

이 시대의 야부(冶父)선사, 대원 문재현 선사가 최초로 반야심경에 과목을 붙여 반야심경 내면에 흐르는 뜻을 밀밀하게 밝혀놓고 거침없는 송으로 들어보였다.

264쪽. 10,000원

51~52. 선(禪)을 묻는 그대에게 (전10권 중 2권)

대원 문재현 선사의 선수행에 대한 문답집. 깨달아 사무친 경지에 대한 밀밀한 점검과, 오후보림에 대한 구체적인 수행법 제시와, 최초의 무명과 우주생성의 원리까지 낱낱이 설한 법문이 담겨 있다.

280쪽, 272쪽. 각권 15,000원

53. 바로보인 선가귀감

선가귀감은 깨닫고 닦아가는 비법이 고스란히 전수되어 있는 선가의 거울이라 할 만하다. 더욱이 바로보인 선가귀감은 매 소절마다 대원 문재현 선사의 시송이 화살을 과녁에 적중시키듯 역대 조사와 서산대사의 의중을 꿰뚫어 보석처럼 빛나고 있다.

352쪽. 15,000원

54. 바로보인 법융선사 심명

심명 99절의 한 소절, 한 소절이 이름 그대로 마음에 새겨두어야 할 자비광명들이다. 이 심명은 언어와 문자이면서 언어와 문자를 초월한 일상을 영위하게 하는 주옥같은 법문이다.

278쪽. 12,000원

55. 주머니 속의 심경

반야심경은 부처님이 설하신 경 중에서도 절제된 경으로 으뜸가는 경이다. 대원 문재현 선사의 선송(禪頌)도 그 뜻을 따라 간략하나 선의 풍미를 한껏 담고 있다. 하루에 한 소절씩을 읽고 참구한다면 선 수행의 지름길이 될 것이다.

84쪽. 5,000원

56. 바로보인 법성게

법성게는 한마디로 화엄경의 핵심부를 온통 훤출히 드러내놓은 게송이다. 짧은 글 속에 일체의 법을 이렇게 통렬하게 담아놓은 법문도 드물 것이다.

이렇게 함축된 법성게 법문을 대원 문재현 선사가 속속들이 밀밀하게 설해놓았다.

176쪽. 10,000원

57. 달다 - 전강 대선사 법어집

이제는 전설이 된 한국 근대선의 거목인 전강 선사님의 최상승법과 예리한 지혜, 선기로 넘쳤던 삶이 생생하게 담겨 있는 전강 대선사 법어집 < 달다 > !

전강 대선사님의 인가 제자인 대원 문재현 선사가 전강 대선사님의 법거량과 법문, 일화를 재조명하여 보였다.

368쪽. 15,000원

58. 기우목동가

그 뜻이 심오하여 번역하기 어려웠던 말계지은 선사의 기우목동가!

대원 문재현 선사가 바른 뜻이 드러나도록 번역하고, 간결한 결문과 주옥같은 선송으로 다시 보였다.

146쪽. 10,000원

59. 초발심자경문

이 초발심자경문은 한문을 새기는 힘인 문리를 터득하게 하기 위하여 일부러 의역하지 않고 직역하였다.

대원 문재현 선사의 살아있는 수행지침도 실려 있다.

266쪽. 10,000원

60. 방거사어록

방거사어록은 선의 일상, 선의 누림을 보여주는 대표적인 선문이다. 역저자인 대원 문재현 선사는 방거사어록의 문답을 '본연의 바탕에서 꽃피우는 일상의 함'이라 말하고 있다. 법의 흔적마저 없는 문답의 경지를 온전하게 드러내 놓은 번역과, 방거사와 호흡을 함께 하는 듯한 '토끼뿔'이 실려 있다.

306쪽. 15,000원

61. 실증설

이 책의 모태는 대원 문재현 선사가 2010년 2월 14일 구정을 맞이하여 불자들에게 불법의 참뜻을 보이기 위해 홀연히 펜을 들어 일시에 써내려간 이 책의 3부이다. 실증한 이가 아니고는 설파할 수 없는 일구 도리로 보인 이 3부와 태초로부터 영겁에 이르는 성품의 이치를 문답과 인터뷰 법문으로 낱낱이 설한 1, 2를 보아 실증하기를…

224쪽. 10,000원

62. 하택신회대사 현종기

육조대사의 법이 중국천하에 우뚝하도록 한 장본인, 하택신회대사의 현종기. 세간에 지해종도로 알려져 있는 편견을 불식시키는 뛰어난 깨달음의 경지가 여기에 담겨있다. 대원 문재현 선사가 하택신회대사의 실경지를 드러내고 바로보임으로써 빛냈다.

232쪽. 10,000원

63. 불조정맥 - 韓・英・中 3개국어판

석가모니불로부터 현 78대에 이르기까지 불조정맥진영(佛祖正脈眞影)과 정맥전법게(正脈傳法偈)를 온전하게 갖춘 최초의 불조정맥서. 대원 문재현 선사가 다년간 수집, 정리하여 기도와 관조 끝에 완성한 『불조정맥』을 3개 국어로 완역하였다.

216쪽. 20,000원

64. 바른 불자가 됩시다

참된 발심을 하여 바른 신앙, 바른 수행을 하고자 해도, 그 기준을 알지 못해 방황하는 불자님들을 위해 불법의 바른 길잡이 역할을 하도록 대원 문재현 선사가 집필하여 출간하였다.

162쪽. 10,000원

65. 누구나 궁금한 33가지

21세기의 인류를 위해 모든 이들이 가장 어렵고 궁금해 하는 문제, 삶과 죽음, 종교와 진리에 대한 바른 지표를 제시하고자 대원 문재현 선사가 집필하여 출간하였다.

180쪽. 10,000원

66. 108진참회문 - 韓·英·中 3개국어판

전생의 모든 악연들이 사라져 장애가 없어지고, 소망하는 삶을 살게 하기 위해 대원 문재현 선사가 10계를 위주로 구성한 108 항목의 참회문이다. 한 대목마다 1배를 하여 108배를 실천할 것을 권한다.

170쪽. 15,000원

67. 달마의 일할도 허락지 않는다

대원 문재현 선사의 짧고 명쾌한 법문집.
책을 잡는 순간 달마의 일할도 허락지 않는 선기와 맞닥뜨리게 될 것이다. 때로는 하늘을 찌를 듯한 기세와, 때로는 흔적 없는 공기와도 같은 향기를 일별하기를…

190쪽. 10,000원

68. 마음대로 앉아 죽고 서서 죽고

생사를 자재한 분들의 앉아서 열반하고 서서 열반한 내력은 물론 그분들의 생애와 법까지 일목요연하게 수록해놓았다.

446쪽. 15,000원

69. 화두 - 韓·英·中 3개국어판

『화두』는 대원 문재현 선사의 평생 선문답
의 결정판이다. 생생하게 살아있는 선(禪)을
한·영·중 3개국어로 만날 수 있다. 특히
대원 문재현 선사의 짧은 일대기가 실려 있
어 그 선풍을 음미하는 데에 큰 도움을 주고
있다.

440쪽. 15,000원

70. 바로보인 간당론

법문하는 이가 법리를 모르고 주장자를 치
는 것을 눈먼 주장자라 한다. 법좌에 올라
주장자 쓰는 이들을 위해서 대원 문재현 선
사가 간당론에서 선리(禪理)만을 취하여 『바
로보인 간당론』을 출간하였다.

218쪽. 20,000원

71. 완전한 우리말 불공예식법

부처님께 공양을 올리고 불보살님의 가피를
구하는 예법 등을 총칭하여 불공예식법이라
한다. 대원 문재현 선사가 이러한 불공예식
의 본뜻을 살려서 완전한 우리말본 불공예
식법을 출간하였다.

456쪽. 38,000원

72. 바로보인 유마경

유마경은 가히 불법의 최정점을 찍는 경전이라 할 것이니, 불보살님이 교화하는 경지에서의 깨달음의 실경과 신통자재한 방편행을 보여주는 최상승 경전이다. 대원 문재현 선사가 < 대원선사 토끼뿔 >로 이 유마경에 걸맞는 최상승법을 이 시대에 다시금 드날렸다.

568쪽. 20,000원

73. 실증설 5개국어판 - 韓·英·佛·西·中

대원 문재현 선사가 불법의 참뜻을 보이기 위해 홀연히 펜을 들어 일시에 써내려간 실증설! 실증한 이가 아니고는 설파할 수 없는 도리로 가득한 이 책이 드디어 영어, 불어, 스페인어, 중국어를 더하여 5개국어로 편찬되었다.

860쪽. 25,000원

74. 누구나 궁금한 33가지 3개국어판 - 韓·英·中

누구라도 풀어야 할 숙제인 33가지의 의문에 대한 답을 21세기의 현대인에게 맞는 비유와 언어로 되살린 『누구나 궁금한 33가지』가 한글, 영어, 중국어 3개국어로 출간되었다.

408쪽. 15,000원

75. 달마의 일할도 허락지 않는다 3개국어판 - 韓·英·中

대원 문재현 선사의 짧고 명쾌한 법문집인 『달마의 일할도 허락지 않는다』가 한글, 영어, 중국어 3개국어로 출간되었다. 전세계에서 유일하게 활선의 가풍이 이어지고 있는 한국, 그 가운데에서도 불조의 정맥을 이은 대원 문재현 선사가 살활자재한 법문을 세계로 전하고 있는 책이다.

308쪽. 15,000원

76~84. 화엄경 (전81권 중 9권)

대원 문재현 선사는 선문염송 30권, 전등록 30권을 모두 역해하여 세계 최초로 1,463칙 전 공안에 착어하였다. 이러한 안목으로 대천세계를 손바닥의 겨자씨 들여다보듯 하신 불보살님들의 지혜와 신통으로 누리는 불가사의한 화엄세계를 열어 보였다.

206, 256, 264, 278, 240, 288, 276, 224, 220쪽. 각권 15,000원

85. 법성게 3개국어판 - 韓·英·中

법성게는 한마디로 화엄경의 핵심부를 훤출히 드러내놓은 게송으로 짧은 글 속에 일체법을 고스란히 담아 놓았다. 대원 문재현 선사의 통쾌한 법성게 법문이 한영중 3개국어로 출간되었다.

376쪽. 15,000원

86. 정법의 원류

『정법의 원류』는 불조정맥을 이은 정맥선원의 소개서이다. 정맥선원은 불조정맥 제77조 조계종 전강 대선사의 인가 제자인 대원 문재현 전법선사가 주재하는 도량이다. 『정법의 원류』를 통해 정맥선원 대원 문재현 선사의 정맥을 이은 법과 지도방편을 만날 수 있다.

444쪽. 20,000원

법문 MP3를 주문판매합니다

부처님의 78대손이신 대원(大圓) 문재현(文載賢) 전법선사님의 법문 MP3가 나왔습니다. 책으로만 보아서는 고준하여 알기 어려웠던 선문(禪文)의 이치들이 자세히 설하여져 있어서, 모든 궁금증을 시원하게 풀어줄 것입니다.

- 천부경 : 15,000원
- 신심명 : 30,000원
- 현종기 : 65,000원
- 기우목동가 : 75,000원
- 반야심경 : 1회당 5,000원 (총 32회)
- 선가귀감 : 1회당 5,000원 (총 80회)

- 금강경 : 40,000원
- 법성게 : 10,000원
- 법융선사 심명 : 100,000원

대원 선사님 작사 노래 CD 주문판매합니다

• 가격 : 2만원

• 가격 : 1만5천원

유튜브에서 채널 구독하시고
무료로 찬불가 앨범을 감상하세요

유튜브에서 MOONZEN을 검색하시거나
아래의 주소로 접속해주세요

http://www.youtube.com/user/officialMOONZEN

화엄경 10권은 도봉정사 서울정맥
선원의 현준 김윤재 본연님의 보시
에 의해 출간되었습니다. 이 무량
공덕으로 구경성불하시기를 기원합
니다.